Iain Anderson   Ghulam Ahmad von Qadian

MIRZA GHULAM AHMAD

VON

QADIAN

von
Iain Anderson

VERLAG DER ISLAM

© Copyright der deutschen Ausgabe:
1991
VERLAG DER ISLAM
Frankfurt/Main
Babenhäuser Landstraße 25

Aus dem Englischen übersetzt
von Rabia Heike Lutzin und Khadija Ahmad-Koopmann
Gesamtherstellung: Stowasser, Werdorf

ISBN 3-921458-72-2

Printed in Germany

Inhalt

Hazrat Mirza Ghulam Ahmad
Der Verheißene Messias und Mahdi des Islam

Das Göttliche Versprechen

Mohammad, der Heilige Prophet Gottes, verkündete, daß nach ihm der Verheißene Messias erscheinen würde. Zu seinen Aufgaben würden die Wiederbelebung des Islams, die Bekehrung der Welt und die Vereinigung aller Religionen zählen.

Im Jahre 1889 nahm in einer kleinen, staubigen indischen Stadt im Punjab, ca. 144 km von Lahore entfernt, Mirza Ghulam Ahmad, ein ergebener Muslim, die Treueschwüre seiner ersten Anhänger an. Ein Jahr später verkündete er, daß Gott ihm offenbart hatte, Jesus sei eines natürlichen Todes gestorben. Gott hatte ihm ebenfalls gesagt, daß er der Verheiße Messias sei.

Gott hatte ihm versprochen, daß seine Mission erfolgreich sein würde, erklärte er. Gott hatte ihm gesagt: »Ich werde Deine Botschaft bis ans Ende der Welt tragen.« Dies war eine erstaunliche Aussage für einen Mann, dessen Anhänger zu der Zeit nicht einmal 50 zählten. Doch war er kein Unbekannter. Seine Schriften hatten die Aufmerksamkeit aller Welt erregt. »Sehr tiefsinnig und sehr wahr«, schrieb der russische Philosoph Leo Graf Tolstoi in einem seiner Bücher.

Heute wird die Ahmadiyya-Bewegung im Islam als mächstigste religiöse Bewegung der Welt angesehen. Aus den ersten 40 Anhängern wurden mehr als 10 Millionen. Dies ist ein Wachstum in 100 Jahren, das seit dem Aufstieg des Islams seinesgleichen sucht.

Unter seinen Anhängern sind ein Nobelpreisträger, ein ehemaliger Präsident der Generalversammlung der Vereinten Nationen, Regierungsminister, Armee- und Luftwaffengeneräle, Ärzte, Wissenschaftler, Millionäre und Millionen von gewöhnlichen Menschen aus den verschiedensten Ländern, wie Indonesien, den Vereinigten Staaten, Polen, China und Spanien.

Eine immense missionarische Organisation hat die Ahmadiyya-Bewegung in 120 Ländern etabliert. Der Heilige Qur-ân, oder wenigstens große Teile von ihm, wurden in 117 Sprachen, einschließlich Chinesisch und Russisch übersetzt und gedruckt.

ı In Ländern der Dritten Welt entstanden zusammen mit den Missionen Schulen und Krankenhäuser; Ärzte und landwirtschaftliche Experten arbeiten dort. Jeder Ahmadi betrachtet sich als Missionar und ist somit bereit, auf den Ruf der Nachfolger des Verheißenen Messias hin seine europäische, nordamerikanische, pakistanische oder indische Heimat zu verlassen und dort zu helfen, wo sein Einsatz am dringlichsten benötigt wird.

Anläßlich des hundertsten Jahrestages der Gründung der Ahmadiyya-Bewegung im Islam dokumentiert diese Biographie das Leben, die Offenbarungen, Prophezeiungen und Wunder des Verheißenen Messias, einschließlich der Entdeckung der Grabstätte von Jesus in Kaschmir. Sie basiert auf den Schriften des Verheißenen Messias, Dokumenten seiner Zeit sowie den Zeugnissen seiner ersten 313 Begleiter. Diese Biographie untersucht ebenfalls die Interpretation des Qur-âns hinsichtlich der Prophezeiungen über das Erscheinen des Verheißenen Messias und die Standpunkte islamischer Gelehrter der verschiedensten Jahrhunderte.

Kapitel 1

Das Gelöbnis

In der Stadt waren die Menschen schon früh auf den Beinen. Seine Ankunft hatte Leute aus abgelegenen Dörfern veranlaßt, sich auf den Weg zu machen, um ihn zu sehen, einige johlend und höhnend, wann immer er das Haus verließ, andere ihn stumm betrachtend. In den Teehäusern und an den Nachmittagen im Schatten der Häuser diskutierten sie über seine Aussagen und über das, was er gesagt haben solle. Einige stritten heftig, so diejenigen, die vorher geschrieen und gehöhnt hatten.

Andere argumentierten. Was hatte er denn eigentlich Falsches gesagt, fragten sie.

Seine Anhänger waren besonnen und zurückhaltend. Ihre Kleidung war unauffällig. Durch nichts waren sie von der übrigen Bevölkerung der Stadt zu unterscheiden. Sie vermieden Diskussionen über ihren Glauben. Nur wenn ihr Führer zum Gebet in die Moschee ging, schlossen sich einige der jungen Männer zusammen, um ihn vor Angriffen und Beleidigungen zu schützen.

Heute saß er allein in seinem Zimmer. Draußen in den Gängen des Hauses und sogar auf der Straße warteten seine Anhänger. Dann betrat der erste Mann den Raum und schloß die Tür hinter sich. Er war der ehemalige Arzt eines Maharadschas, ein Gelehrter von hohem Ansehen, der häufig und gern über Shakespeare's Werke diskutierte, die er in arabischer Übersetzung gelesen hatte.

In jenem kahlen Raum saß Mirza Ghulam Ahmad, der bald verkünden sollte, daß er der Verheißene Messias sei, auf einem kleinen Teppich auf dem Fußboden. Der ehemalige Arzt war der erste, das Treuegelöbnis zu leisten. Er streckte seine rechte Hand aus und Ahmad beugte sich nach vorn und ergriff die Hand des Arztes mit seiner Rechten. Mit der linken Hand stützte Ahmad dabei seinen rechten Ellbogen — seit einem Unfall während seiner Kindheit war sein rechter Arm geschwächt.

»In die Hand von Ahmad bereue ich heute all meine Sünden«, gelobte der Arzt. Nachdem er den Rest des Treueeides nachgesprochen hatte, erhob Ahmad seine Hände zum Gebet und der Arzt tat es ihm nach. Als das Gebet beendet war, war die Zeremonie vorüber.

An diesem Tag folgten 40 Leute dem Arzt, einer nach dem anderen. Schließlich kamen sie in Gruppen. Diese ersten Treuegelöbnisse fanden am 23. März 1889 statt. In den hundert Jahren seither hat der Heilige Krieg der Worte, dessen Ziel es ist, alle Religionen unter seinem Prophetentum zu vereinigen und die ganze Menschheit auf friedlichem Wege zum Islam zu führen, viele Märtyrer gefordert.

Im vergangenen Jahrhundert wurden diese Märtyrer gefoltert und dann zu Tode gesteinigt. In diesem Jahrhundert wurden sie von wütendem Pöbel verfolgt und erschlagen. Regierungen, besonders in Pakistan, erließen Gesetze gegen sie. Ihnen wurde gesagt — von Christen sowohl wie von Muslimen —, daß sie Abtrünnige seien. Doch der missionarische Eifer der Ahmadiyya-Bewegung hat nie nachgelassen.

Der Schwur der ersten Gelöbnisse bedeutete keineswegs einen Bruch mit anderen Muslimen oder eine Konfrontation mit der christlichen Kirche. Doch ein Jahr später erklärte Ahmad, daß er der Verheißene Messias sei und damit der Apostel Gottes für alle Völker und alle Religionen. Ahmad erklärte auch, daß Gott ihm offenbart hatte, daß Jesus nicht am Kreuz gestorben sei. Er war viele Jahre später in Indien eines natürlichen Todes gestorben. Dies war eine völlige Verwerfung des Glaubens der christlichen Kirche und nahezu aller Muslime.

Gott hatte ihm offenbart, sagte Ahmad, daß Jesus nur bewußtlos gewesen sei, als er am Kreuz hing. Als er herabgeholt wurde, rieb man ihn mit Salben ein und legte ihn heimlich in eine an der Seite des Hügels ausgehobene, große belüftete Grabkammer. Dort hatte er sich allmählich wieder erholt. Drei Tage später hatte er sich seinen Jüngern gezeigt, wie sie anschließend berichteten, und der zweifelnde Thomas hatte seine Hände in seine Wunden gelegt.

Dann verschwand Jesus aus Jerusalem. Aber er fuhr nicht als der Sohn Gottes in den Himmel auf, wie die Christen erklärten. Noch fuhr er in den Himmel auf als ein Prophet, der am Tage des Gerichts leibhaftig wieder auf die Erde zurückkehren würde, wie die Muslime glaubten.

Ahmad erklärte, Gott habe ihm offenbart, daß Jesus, der sich bewußt war, daß er seine Predigten nicht länger in Galiläa fortsetzen konnte, sich auf den Weg nach Indien gemacht hatte auf der Suche nach den verlorenen Stämmen Israels. Dort hatte er ein langes und ehrenhaftes Leben gelebt. Er war eines natürlichen Todes gestorben und sein Grab in Kaschmir war bekannt und verehrt als das des Propheten Yuz Asaph, was übersetzt Jesus der Versammler bedeutet.

Ahmads Offenbarung von Gott, daß er einen heiligen Krieg der Worte führen und die ganze Welt zum Islam bekehren sollte, war allumfassend. In dieser Offenbarung hatte Gott ihm gesagt, daß seine Anhänger das erwählte Volk seien. Sie würden in jeder Hinsicht alle anderen Menschen der Welt übertreffen.

Dies war die Offenbarung: »Gott wünscht eine Gemeinde der Getreuen zu gründen, um Seinen Ruhm und Seine Macht zu manifestieren. Er wird diese Gemeinde blühen und gedeihen lassen, um unter den Menschen die Liebe Gottes, Rechtschaffenheit, Reinheit, Frömmigkeit, Frieden und Wohlwollen zu verbreiten. Sie wird eine Gruppe von gottergebenen

Menschen sein. Er wird sie mit Seinem Eigenen Geist stärken und wird sie segnen und reinigen.«

Die Offenbarung prophezeite Ahmad auch, daß seine Gemeinde wachsen würde. Gott hatte versprochen, sagte er, daß seine Gemeinde sich »überwältigend vermehren« würde. »Tausende von wahrhaften Menschen würden sich unter seine Anhänger reihen. Gott Selbst würde für sie sorgen und die Gemeinde wachsen lassen, derart, daß ihre Mitglieder und der Fortschritt der Gemeinde die Welt in Erstaunen versetzen würden.«

Ahmad nahm die ersten Treuegelübde seiner Anhänger in der Stadt Ludhiana im Punjab an, die im Nordwesten des indischen Subkontinents gelegen ist. Zu damaliger Zeit hatte Ludhiana ungefähr 20 000 Einwohner. Es sollte ein wichtiger Eisenbahnknotenpunkt werden, vor 100 Jahren jedoch war es nichts als eine kleine Stadt, dem Rest der Welt ebenso unbekannt wie den meisten Indern. Ahmad jedoch erklärte, daß die missionarische Bewegung, die er gegründet hatte, sich auf der ganzen Welt verbreiten würde.

»Diese Gemeinde wird wie ein Leuchtturm sein, so hoch, daß er die vier Ecken der Welt mit Licht erfüllen wird. Ihre Mitglieder werden als Modelle islamischer Segnungen dienen.«

Seine Anhänger, betonte Ahmad, waren das erwählte Volk. »Meine wahren Anhänger werden jede andere Person übertreffen. Bis zum Tage des Gerichts werden aus ihnen immer wieder Persönlichkeiten hervorgehen, die in jeder Hinsicht die Auserwählten Gottes sein werden.«

Und mit lauter Stimme fügte Ahmad hinzu, »Dies ist der Beschluß des Allmächtigen. Er beschließt, was Er will.«

Mirza Ghulam Ahmad war ein Mann von imposanter Erscheinung. Er war 1,70 m groß und hatte einen schwarzen Bart, der schon im Alter von 30 Jahren mit Silberfäden durchzogen, und als er 50 war, schon schneeweiß geworden war.

Seine Augen waren dunkel und seine Lider schienen immer beinahe die Augen zu verschließen.

Seine Stimme und sein Benehmen waren immer von ungewöhnlicher Milde, einer seiner Anhänger erinnerte sich jedoch in späteren Jahren an seine Reaktion auf Nachrichten, daß seine Opponenten versuchten, ein Gerichtsverfahren gegen ihn auf einen Samstag zu legen, so daß er das Wochenende im Gefängnis hätte zubringen müssen, ohne daß die Möglichkeit zur Einlegung von Berufung oder Kautionshinterlegung bestanden hätte.

»Wollen sie den Löwen Gottes verurteilen?« rief Ahmad mit mächtiger Stimme.

Er war jedoch nicht um seine eigene Person besorgt, vielmehr ging es ihm um die Beleidigung Gottes. Als eine Verschwörung gegen ihn in die Wege geleitet wurde, ihn der versuchten Anstiftung zum Mord an einem christlichen Missionar anzuklagen, tat Ahmad alle Anschuldigungen mit einem Schulterzucken ab. Als der vorgebliche Mörder schließlich sein Geständnis abänderte und zugab, daß der Missionar selbst ihm das vorher gemachte »Geständnis« wörtlich in den Mund gelegt hatte, erklärte der Richter den Fall für abgeschlossen.

Er sagte Ahmad, daß das Gericht ihm freistelle, den Missionar wegen Meineids und bösartiger Verleumdung zu verklagen, wenn er dies wünsche.

»Ich werde dies nicht tun. Sein Fall wird vor ein höheres Gericht kommen«, sagte Ahmad.

Andere Widersacher waren nicht so glücklich. Als einer von ihnen ihm seinen Tod ankündigte, erklärte Ahmad, daß zwar er selbst nicht wie vorhergesagt sterben würde, aber unglücklicherweise der Ankläger selbst eines grausamen Todes sterben würde.

Seine Vorhersage erwies sich als richtig.

Kapitel 2

Himmlische Zeichen

Mirza Ghulam Ahmad wurde am 13.2.1835 als zweiter Sohn von Mirza Ghulam Murtaza geboren. Er war ein Zwilling, aber seine Schwester starb wenige Tage nach ihrer Geburt. Seine Geburt leitete für seine Familie eine freudige Zeit ein, denn mit ihr ging eine Periode der finanziellen Schwierigkeiten für die Familie zu Ende. Fünf Dörfer, Teil des Familienbesitzes, der konfisziert worden war, als die Sikhs die Macht im Punjab übernahmen, waren ihnen zurückgegeben worden.

Es war auch die Zeit, die in den islamischen Überlieferungen für das Erscheinen des Verheißenen Messias vorhergesagt worden war. Es herrschte allgemeine Übereinstimmung unter den Muslimen, daß der Mahdi, was ins Deutsche übersetzt »Der Rechtgeleitete« bedeutet, am Anfang des 14. Jahrhunderts nach der Hidschra kommen würde, was ungefähr der letzten Dekade des 19. Jahrhunderts christlicher Zeitrechnung entspricht. Jesus hatte auch erwähnt, daß die Zeit seines zweiten Erscheinens von Kriegen, Epidemien und allgemeinen Leiden gekennzeichnet sein würde. Der erste Weltkrieg, die Epidemie der spanischen Grippe, der Millionen zum Opfer fielen, erfüllten diese Bedingungen. Und unter vielen christlichen Glaubensgemeinschaften herrschte ebenfalls der Glaube vor, daß das späte 19. oder das frühe 20. Jahrhundert die Zeit sei, in der Jesus wieder auf der Erde erscheinen würde.

Dieser Glaube gründete sich auf eine Vielzahl von Andeutungen in den heiligen Schriften des Christentums und des Islams. Mohammad, der Heilige Prophet des Islams, hatte ebenfalls in aller Deutlichkeit gesagt, wie der Verheißene

Messias würde erkannt werden können. Die diesbezügliche Aussage war in einer der mündlichen Überlieferungen enthalten, die viele Jahre nach seinem Tode niedergeschrieben waren. Hinsichtlich des Mahdis hatte Mohammad gesagt:

»Zwei Zeichen sind für seine Ankunft bestimmt, die für keinen anderen, der das Amt für sich beansprucht, jemals zuvor seit der Erschaffung des Himmels und der Erde gezeigt worden waren. Diese Zeichen bei seinem Erscheinen sollen eine Mondfinsternis in der ersten der für sie festgelegten Nächte sein, sowie eine Sonnenfinsternis am mittleren der für sie festgelegten Tage. Beide werden sich im selben Monat Ramadan ereignen.«

Normalerweise tritt eine Mondfinsternis am 13., 14. oder 15. Tag des Mondmonats auf, während eine Sonnenfinsternis am 27., 28. oder 29. stattfindet. Die von Mohammad genannten Bedingungen bedeuten daher, daß der Mond sich am 13. und die Sonne am 28. desselben Mondmonats verfinstern würde, welcher Ramadan sein würde.

Diese himmlischen Zeichen kündigten nicht die physische Geburt des Mahdis, sondern seine spirituelle Ankunft an. Am 13. des Monats Ramadan im Jahre 1311 nach der Hidschra (am Donnerstag, dem 21. März 1894) war der Mond verfinstert und am 28. des Ramadans, also im selben Mondmonat (6. April 1894) fand die Sonnenfinsternis statt. Dasselbe Phänomen wiederholte sich im folgenden Jahr über dem nordamerikanischen Kontinent.

Die von Mohammad aufgestellten Bedingungen waren also genau erfüllt — ca. fünf Jahre nach Mirza Ghulam Ahmads Erklärung, daß er der Rechtgeleitete Lehrer sei, dessen Ankunft vorhergesagt worden war. Es war ihm auch prophezeit worden, daß er der Verheißene Messias sei, der nicht nur im Islam, Christentum und Judentum, sondern in allen großen Religionen der Welt wie Buddhismus, Hinduismus und Sikhismus vorhergesagt worden war.

Eine weitere Offenbarung von Gott ließ ihn bekanntgeben, daß er der »Verfechter Gottes im Gewand aller vorherigen Propheten« sei. Er fügte hinzu, daß er selbst ein Nichts sei und keine Erhöhung für sich beanspruchte. Was der Allmächtige Gott ihm in seiner Güte gewährt hatte, war nur die Folge seiner völligen Unterwerfung und seines Gehorsams gegenüber Mohammad. So sei er ein genaues spirituelles Abbild Mohammads.

Er war auch ein Prophet. Aber er war kein gesetzesbringender Prophet, betonte er. Mohammad war der letzte gesetzesbringende Prophet gewesen.

Seine eigene Aufgabe, sagte Ahmad, sei die Wiederbelebung des Islams und dann die Vereinigung aller Religionen im Islam. Diese Definition seiner ihm von Gott überantworteten Aufgabe für die Rettung der Menschheit rief einen Sturm von Denunziationen und Protesten bei anderen Muslimen, Hindus und Christen hervor.

Priester und Missionare der Christen, Muftis und andere religiöse Führer des Islams waren sich in ihrem Urteil einig: Mirza Ghulam Ahmad irrte nicht einfach in seinen Ansichten, er war Satan persönlich.

Alle Muslime stimmten darin überein, daß der Verheißene Messias erwartet wurde. Und alle waren überzeugt, daß wenn er tatsächlich erscheine, er im islamischen Glauben erscheinen würde. Andere Glaubensrichtungen vertraten die Ansicht, daß die Tür zu Gottes Gedanken und damit der göttlichen Offenbarungen, nunmehr fest verschlossen ist.

Nicht jedoch im Islam.

Deshalb wird die Ankunft eines von Gott inspirierten Lehrers nur im Islam für möglich gehalten. Islam ist die einzige Religion, die Glauben an alle Propheten verlangt, wann immer und wo immer sie auch erschienen sein mochten.

Im Qur-ân wird den Muslimen geboten, zu versichern: »Wir glauben an Gott und alles, was uns herabgesandt wurde und was Abraham und Jakob und seinen Kindern gesandt wurde und an das, was Moses und Jesus und allen anderen Propheten von ihrem Herrn offenbart worden war. Wir machen keinen Unterschied zwischen ihnen, und Ihm allein unterwerfen wir uns völlig.«

Jesus hatte klar gemacht, daß sein »zweites Erscheinen« das Auftreten eines anderen Propheten bedeutete, der in der Gestalt und im Geiste des vorhergehenden Propheten erscheinen würde. Johannes der Täufer war das zweite Erscheinen von Elija gewesen, sagte Jesus.

Die Erwartung eines zweiten Kommens eines großen Lehrers und religiösen Führers drängt die Frage auf: Was würde seine Botschaft und seine Funktion sein?

Da seine Ankunft in allen großen Religionen der Welt prophezeit worden war, würde es also einen rechtgeleiteten Lehrer für jede Glaubensgemeinschaft geben und würden ihre Botschaften und Funktionen identisch sein?

Wenn ihre Botschaften identisch wären, dann wäre nur ein Lehrer vonnöten. Wenn die Botschaften unterschiedlich wären, dann würde die Ankunft vieler verschiedener religiöser Führer nicht Einigkeit, Frieden, Harmonie und spirituelle Erfüllung fördern, stattdessen würden sich Feindlichkeit, Uneinigkeit, Zwietracht und Chaos ausbreiten.

Noch eine andere Frage würde sich erheben:

Wenn je ein religiöser Führer für seine vorherrschende Religionsrichtung erschiene, würde er die Werte des Glaubens, wie sie ursprünglich festgelegt worden waren, aufrechterhalten? Wenn nicht, wie würde der Kreis ihrer Dogmen und Lehren aussehen?

Jeder dieser Fälle würde Probleme mit sich bringen, die schwer zu lösen wären.

Die Menschheit hat von jeher Einheit von Ziel und Zweck angestrebt. Alle Entwicklungen, die bisher stattgefunden haben, so sagen religiöse Führer, deuten darauf hin, daß Gottes

Hand einen einzigen Menschen erwählen würde und der Verheißene Messias würde in einer einzigen Person erscheinen, nicht in mehreren für verschiedene Religionen.

Muslime haben keinerlei Zweifel über die Funktionen und Aufgaben des Mahdis und Verheißenen Messias. Er würde den Sieg des Islams über alle anderen Religionen herbeiführen, selbst jene, die Muslime mit der Anbetung mehrerer Götter oder mehrerer vereinter Götter in Einem in Verbindung brachten, wie Hinduismus und christliche Glaubensrichtungen.

Mehrere Faktoren, so wurde argumentiert, scheinen darauf hinzuweisen, daß der Verheißene Messias im Islam erscheinen würde. Da war, zum Beispiel, der Universalitätsanspruch Mohammads. Zu bedenken sind beispielsweise diese Feststellungen im Qur-ân:

»Verkünde, O Prophet: O Menschheit, wahrlich, ich bin euch allen ein Botschafter Gottes.«

»Wir haben Dich gesandt als einen Überbringer froher Botschaft und als einen Warner für die ganze Menschheit, aber die meisten der Menschen sind unwissend.«

»Wir haben Dich als eine Barmherzigkeit für das Universum gesandt.«

Der Qur-ân, so argumentiert man, enthält eine umfassende Führung für die ganze Menschheit und für alle Zeiten, wie die folgenden Verse deutlich machen:

»Ein Botschafter Gottes, reine Schriften verkündend, worin die ewigen Gebote stehen.«

»Der Qur-ân ist eine Mahnung für alle Völker.«

»Der Qur-ân ist eine Quelle der Ehre für die ganze Menschheit.«

»Segensreich ist Jener, Der das Entscheidende Buch herabgesandt hat zu Seinem Diener, damit er allen Völkern ein Warner sei.«

Der Qur-ân unterscheidet sich von allen anderen Schriften in einzigartiger Weise dadurch, sagen die Muslime, daß allein in ihm von Anfang bis Ende buchstabengetreu die wortwörtliche Offenbarung, die Mohammad nach eigenen Angaben von Gott erhalten hatte, festgehalten ist.

Die Worte Gottes sind gefeit gegen Verzerrung und Verdrehung, sagt der Qur-ân, durch göttlichen Erlaß. »Sicherlich, Wir, Wir selbst haben diese Ermahnung herabgesandt und sicher werden Wir ihr Hüter sein.« Diese göttliche Garantie für den Schutz des Qur-âns ist nicht allein auf die Unantastbarkeit des Textes beschränkt. Ein islamischer Gelehrter schreibt: »Sie erstreckt sich auf alle Faktoren, die zur Erhaltung des Qur-âns als perfekte Quelle göttlicher Führung für alle Menschen zu allen Zeiten beitragen. Zum Beispiel ist es eine Garantie dafür, daß die Sprache, in der der Qur-ân offenbart wurde, nämlich Hocharabisch, immer eine lebendige Sprache und im Umlauf bleiben würde, so daß bei der Auslegung und dem Verständnis der Aussagen des Qur-âns keine Schwierigkeiten auftreten würden.«

»Die Gebiete, in denen heute klassisches Arabisch geschrieben und gesprochen wird, sind viele Male und die Anzahl der arabisch-sprechenden Personen gleich um Hunderte von Malen größer als zur Zeit der Offenbarung des Qur-âns.«

»Außerdem prophezeite der Heilige Prophet, daß am Anfang eines jeden Jahrhunderts jemand aus seinen Anhängern hervorgehen werde, der aus dem Qur-ân die Führung erlangen werde, die speziell für die jeweiligen Bedürfnisse der Menschheit vonnöten ist. In keiner anderen Schrift ist die Gesamtheit des Textes, seiner Sprache und die aus ihr gewonnene Führung derartig lebendig erhalten geblieben.«

Mohammad prophezeite, daß im Islam ein Prophet erweckt werden würde, der den Islam nicht nur gegen die gemeinsamen Attacken von Anhängern und Gelehrten anderer Religionen verteidigen würde, sondern zudem die Überlegenheit des Islams in jeder Hinsicht gegenüber allen anderen Religionen festlegen würde. Es entsprach also deshalb voll und ganz den Vorhersagen und Lehren des Islams, als Mirza Ghulam Ahmad Offenbarungen zu erhalten begann, die, wie er behauptete, von Gott kamen. Dies begann im Jahre 1876. Im Laufe der Zeit wurden die Offenbarungen häufiger und exakter.

Jede einzelne seiner Offenbarungen, so sagte ein muslimischer Gelehrter, »wurde vollständig sinngemäß und zur rechten Zeit erfüllt. Die Erfüllung einiger, die sich auf zukünftige Ereignisse bezogen, ist seit seinem Tode schon geschehen. Andere harren noch ihrer Erfüllung.«·

Kapitel 3

Herren von Qadian

Mirza Ghulam Murtaza, Ahmads Vater, war ein Oberhaupt des Punjab und der größte Landeigentümer im Dorf Qadian. Sein Vater hatte Anspruch auf einen Sitz in den Versammlungen des Mogulherrschers gehabt und dies setzte sich für ihn unter der Herrschaft der Sikhs und der Briten fort. Er besaß auch Häuser in anderen Dörfern. Dies bedeutete nicht unbedingt Reichtümer, wohl aber Bedienstete sowie eine anerkannte Stellung von Autorität. Dies bedeutete auch, daß Ahmad Privatunterricht bei verschiedenen Lehrern erhalten sollte.

Die Familie war aristokratischer Abstammung im allgemeinen Sinne, da sie ihre Linie auf einen erfolgreichen Feldherrn zurückführen konnte. Ungefähr im Jahre 1530 verließ Mirza Hadi Beg, ein zentralasiatischer Häuptling persischer Abstammung, Samarkand, und betrat, begleitet von seiner Familie und 200 Gefolgsleuten, den Punjab, um sich in einem offenen Gelände im Distrikt Gurdaspur, ca. 112 km östlich von Lahore, niederzulassen. Dort gründete er ein befestigtes und von Mauern umgebenes Dorf, das er Islampur nannte.

Mirza Hadi Beg war ein Nachfahre des Onkels des berühmten Amir Timur gewesen, und aufgrund seiner Abstammung von der Herrscherfamilie, die das Mogulreich gegründet hatte, gewährte man ihm einen Landbesitz von mehreren hundert Dörfern und ernannte ihn zum Richter oder Kadi über den ganzen umliegenden Distrikt. Islampur, das Dorf, das er gegründet hatte, wurde deshalb später als Islampur Kadi bekannt. Im Laufe der Zeit begann man das Wort »Islampur« wegzulassen und nannte das Dorf nur noch Qadhian, woraus schließlich Qadian wurde.

Die Familie hatte in den folgenden zweihundert Jahren

Erfolge und Mißerfolge, zu einer Zeit über eine Streitmacht von 7000 Mann unter dem Mogulherrscher verfügend. Schließlich konnten sie ihren Besitz von ca. 85 Dörfern vereinigen und wurden gleichsam die Herrscher über ein Gebiet von rund gerechnet 12 840 Hektar. Aber dem Mogulreich drohte Gefahr durch die Ausbreitung der Sikhs, besonders im Punjab. Zum Beginn des 19. Jahrhunderts war der Mirza-Grundbesitz auf das Dorf Qadian allein zusammengeschrumpft, das zu einer besetzten Festung wurde. Es war jetzt von einer 6,60 m hohen und 4,60 m weiten Mauer umgeben. Es gab vier Türme, in denen die Stadtwache untergebracht war. Sie war mit einigen Gewehren versorgt.

1802 wurde Qadian von den Sikhs gestürmt, wie einige sagen, durch Verrat eines Dorfbewohners.

Moscheen und Häuser wurden geplündert. Die Bibliothek und alle Papiere der Mirza-Familie verbrannten. Mehrere Menschen wurden getötet. Die Mirza-Familie selbst wurde gefangengenommen. Wenig später wurden sie aus dem Dorf vertrieben und kämpften sich als Flüchtlinge durch den nahe gelegenen Fluß Beas nach Begowal durch. Der Herrscher über dieses Gebiet gewährte ihnen eine schmale Rente, und dort lebten sie gefaßt die nächsten 15 Jahre in Armut.

Gegen 1818 sah der Sikh-Herrscher, Maharadscha Ranjit Singh, seine Machtstellung genügend gefestigt, um der Mirza-Familie die Rückkehr nach Qadian zu gestatten. Mirza Ghulam Murtaza trat in das Heer des Maharadschas ein und kämpfte in vielen Streifzügen. Als Belohnung erstattete ihm der Maharadscha fünf Dörfer seines einstigen Gesamtbesitzes von 85 Dörfern zurück.

Im Jahre 1839 starb Maharadscha Ranjit Singh, das Sikhreich begann sich aufzulösen, und wenig später erweiterten die Briten ihren Machtbereich bis in den Punjab. Die Briten anerkannten Mirza Ghulam Murtazas Besitzansprüche auf Qadian und einige nahegelegene Siedlungen, sie weigerten sich jedoch, ihm die fünf von Ranjit Singh zurückgegebenen Dörfer als Besitz anzuerkennen. Stattdessen gewährten sie ihm eine lebenslange Rente von 700 Rupien im Jahr. Hinsichtlich der übrigen 80 Dörfer unternahmen sie nichts. Die ununterbrochenen Streitigkeiten über die verbleibenden Dörfer sollten sich noch über die folgenden 50 Jahre erstrecken und wurden ein auslösender Faktor für Ahmads Gedanken über den Wert materiellen Besitzes in dieser Welt.

Die Mirza-Familie war dem Sikh-Maharadscha treu geblieben, als die Briten seine Macht durch Bestechungen sowohl der Sikhs als auch der Muslime mit Geld und Grundstücken zu untergraben suchten, als sie an die Macht gelangten. Es wurden Vermutungen angestellt, vielleicht mit gutem Grund, daß die Briten diese Treue gegen den früheren Herrscher noch nicht vergessen hatten, als sich die Frage der Rückgabe des Mirza-Besitztums erhob.

Zweifellos waren einige Muslim- und Sikh-Anführer, die noch vor dem Ende der Sikhherrschaft den Briten Hilfe geleistet hatten, erfolgreich in der Wiedererlangung oder Erweiterung ihres Familienbesitzes gewesen. Oder, sachlich unter damaligen Gesichtspunkten betrachtet, die Briten entschieden ganz einfach, daß die Wiederaufteilung des Landes, so wie die Sikhs es bei ihrer Machtübernahme vorgefunden hatten, mehr Ärger als Vorteile mit sich bringen würde.

Mirza Ghulam Murtaza diente der britischen Regierung ebenso treu, wie er der Sikh-Regierung gedient hatte. Er und sein Bruder erhielten Briefe von mehreren britischen Generälen, die sich in Lob und Danksagungen über ihre Unterstützung bei der Niederschlagung des Aufstandes von 1857 ergingen. Auf eigene Kosten beschafften sie 50 Kavalleristen. General Nicholson schrieb im August 1857: »Nach der Überwältigung der Aufrührer werde ich mich um das Wohlergehen Ihrer Familie kümmern.«

Aber einen Monat später war General Nicholson tot. Und

von dieser Zeit an hatte kein britischer Amtsträger mehr ein persönliches Interesse an der Rückerstattung früheren Landbesitzes der Mirza-Familie als Belohnung für ihre Dienste. Alles, was Mirza Ghulam Murtaza erhielt, war eine Rente von 200 Rupien im Jahr für seine Hilfeleistung während des Aufstandes. Anläßlich des Todes von Ahmads Vater schrieb viele Jahre später Sir Robert Egerton, ein Finanzsekretär des Punjab, an Ahmads Bruder, das neue Familienoberhaupt: »Ich werde die Wiederherstellung Ihres Familienbesitzes und das Wohlergehen Ihrer Familie im Auge behalten, sobald sich eine günstige Gelegenheit ergibt.«

Aber diese günstige Gelegenheit ergab sich nie. Dennoch wurde von diesem Zeitpunkt an behauptet, daß die Mirza-Familie, und Ahmad selbst, von der britischen Regierung eine bevorzugte Behandlung genossen hatten.

Nichtendenwollende Rechtsstreite zur Wiedererlangung des verlorenen Familienbesitzes sollten die Zeit und die Gedanken von Ahmads Vater fast bis an sein Lebensende in Anspruch nehmen. Und es war Ahmad, den er darum bat, ihn in diesen Fällen zu repräsentieren.

Kapitel 4

Rechtsstreite

Als Ahmad geboren wurde, gab es in den meisten Teilen Indiens weder Schulen noch Hochschulen. Ausbildung in muslimischen Haushalten bestand aus dem Lernen des Heiligen Qur-âns und im besten Fall noch dem Lesen von Urdu und Persisch. Ahmads erster Lehrer wurde eingestellt, als Ahmad etwa sechs oder sieben Jahre alt war, gegen 1841. Er lehrte Ahmad Verse aus dem Qur-ân und begann mit einigen elementaren persischen Büchern. Als er ungefähr zehn Jahre alt war, wurde ein anderer Lehrer eingestellt. Er arbeitete hart mit Ahmad und lehrte ihn die Grundelemente des Arabischen.

Einige andere Jungen kamen in sein Haus, um am Unterricht teilzunehmen. Einem der Lehrer wurden häufig Streiche gespielt, an denen sich Ahmad nicht beteiligte. Er war ein ernster, lernbegieriger Junge, und wenn die täglichen Unterrichtsstunden vorüber waren, — sie wurden in einer Art Wohnzimmer abgehalten — stieg er für gewöhnlich die Treppen zu seinem Zimmer hinauf, das unmittelbar über dem Wohnzimmer lag, und fuhr mit dem Lesen fort. Als er ungefähr 17 war, bekam er noch einen anderen Lehrer, der ihn noch mehr Arabisch und etwas Logik lehrte.

Ahmad führte also ein einigermaßen privilegiertes, angenehmes Leben. Die meisten Jungen des Dorfes hüteten Ziegen, sobald sie das Alter von sechs oder sieben erreicht hatten, ihre Eltern hatten keine rechte Vorstellung von Ausbildung, geschweige denn die Mittel dazu, selbst wenn sie gewollt hätten.

Ahmads Vater war nicht nur durch Erbfolge das Oberhaupt von Qadian, er war auch ein ausgebildeter Soldat und daran gewöhnt, Befehle zu erteilen und Gehorsam erwarten zu können.

Die Leute hatten Angst vor ihm. Menschen seines eigenen Ranges gegenüber war er gleichermaßen jähzornig wie gegenüber britischen Regierungsbeamten. Auf einem Treffen mit einem britischen Beamten fragte ihn dieser, wie weit Qadian entfernt sei. Dies verursachte sofort ein Mißverständnis. Für den britischen Beamten war es ein höflicher, harmloser Versuch, eine Konversation einzuleiten, Mirza Ghulam Murtaza faßte die Frage jedoch ganz anders auf.

Er brauste auf: »Wenn Sie wissen wollen, wie weit Orte voneinander entfernt sind, fragen Sie Ihren Diener«, sagte er zu dem Beamten. »Ich bin nicht Ihr Diener«, fügte er hinzu, um die Sache ganz klar zu machen.

Der britische Beamte war vor den Kopf gestoßen, dann entschuldigte er sich und die Unterhaltung begann noch einmal von vorn.

Seine Würde berücksichtigend, sollte es nicht schwer fallen, hinter seinem rauhen Äußeren ein gutmütiges Herz vorzufinden. Er hatte Medizin studiert, und da es in näherer Umgebung sonst keine Ärzte gab, betreute er alle Leute in umliegenden Gebieten. Niemals verlangte er Geld für seine Dienste.

Man hielt ihn offensichtlich auch für einen guten Arzt, denn ein Oberhaupt von Batala ließ ihn rufen, als er krank war. Als er wieder hergestellt war, bot er Mirza Ghulam Murtaza die Mieten von zwei Dörfern als Belohnung für seine Dienste an. Mirza Ghulam Murtaza wies sie zurück. Er nahm nie Bezahlungen für seine medizinischen Behandlungen an, und erst recht konnte er nicht die Mieten aus den zwei Dörfern annehmen. Es waren zwei Dörfer aus seinem ursprünglichen Familienbesitz, und sie auf diese Weise zurückzugewinnen, während er sie als sein rechtmäßiges Erbe ansah, würde nicht nur seine Ehre, sondern auch die seiner Vorfahren bloßstellen.

Wie es bei anderen privilegierten Kindern geschah, so baten Ahmads Spielgefährten ihn um Dinge, die es bei ihnen zu Hause nicht gab. Einmal war es Zucker. Ahmad füllte seine Taschen mit einigen weißen Kristallen. Aber es stellte sich als Salz heraus!

Ahmad konnte reiten und schwimmen — einmal wurde er von einem alten Mann, der zufällig in der Nähe war, vor dem Ertrinken gerettet —, und er konnte schnell rennen, doch er machte sich nicht viel aus Spiel und Sport und nahm selten daran teil. Gewöhnlich baten ihn seine Freunde, Schiedsrichter zu sein. Die meisten jungen Männer seiner Zeit erlernten Kriegskünste — Fechten war ein beliebter Zeitvertreib —, und für ein Mitglied der Mirza-Familie war es eigentlich eine Notwendigkeit, im Umgang mit Schwert, Bogen und Gewehr vertraut zu sein.

Ahmad jedoch beteiligte sich niemals an einer dieser Kampfsportarten. Seine zukünftige Lebensweise begann sich schon früh abzuzeichnen. In dieser weltlich orientierten Familie, in der Vorwärtskommen und die Wiedererlangung des Familienbesitzes die Hauptthemen ihrer Gespräche waren, war Ahmad an einem anderen Lebensweg interessiert. Er war noch ein Kind, als in einem Gespräch mit seiner Cousine namens Hurmat Bibi, der Tochter seines Onkels mütterlicherseits, das Thema Gebet aufkam, wie es selbst bei kleinen Kindern vorkommt. Ahmad bat sie: »Bete, daß mir die Gnade des rechten Gebets gewährt werden möge.«

Als er 17 Jahre alt war, wurde er mit Hurmat Bibi verheiratet. Es war eine von den Eltern arrangierte, keine Liebesheirat, und sie lief von Anfang an fehl. Sie hatten zwei Söhne, Sultan Ahmad und Fazal Ahmad, die innerhalb der ersten vier Jahre geboren wurden, danach jedoch brannte das Licht ihrer Heirat nur noch matt und erlosch bald ganz. Hurmat Bibi zog mit ihren beiden Söhnen in den Haushalt von Ahmads Bruder — er und seine Frau waren kinderlos — und

Ahmad zog sich wieder in sein kleines Junggesellenzimmer zurück.

Wenn er nicht gerade in seinem Zimmer den Qur-ân studierte, wußte seine Familie immer, wo er zu finden sei — in der Moschee. Einer der Freunde seines Vaters sagte sogar einmal: »Ich weiß, daß du behauptest, zwei Söhne zu haben, aber ich habe bisher immer nur einen gesehen. Wo ist dein anderer Sohn?«

Ahmad wurde gerufen, ein scheuer, zurückhaltender Junge, der schüchtern auf den Boden starrte und einsilbige Antworten gab, wenn er angesprochen wurde.

Bei anderer Gelegenheit fand ein Freund Mirza Ghulam Murtaza bei seiner Ankunft schweißgebadet vor. Ein Regierungsbeamter würde in Kürze ankommen und er müsse Vorbereitungen für dessen Unterbringung treffen, sagte er. Der Freund erkundigte sich, weshalb er nicht einen seiner Söhne gebeten hatte, sich um die Angelegenheit zu kümmern. Mirza Ghulam Murtaza erwiderte, daß sein älterer Sohn in Gurdaspur zu tun hatte und nur alle sieben oder zehn Tage nach Hause käme.

»Komm und sieh dir den anderen an«, sagte er. Er führte ihn in ein Zimmer, in dem Ahmad lag und in ein Buch über die Überlieferungen Mohammads vertieft war. Obwohl sie geraume Zeit dort stehen blieben, bemerkte Ahmad sie nicht. Als sie die Treppe hinunterstiegen, fragte Mirza Ghulam Murtaza seinen Freund: »Sag mir, glaubst du, daß er sich im Land der Lebenden befindet?«

Wenn Ahmad den Qur-ân las, pflegte er im Zimmer auf und ab zu gehen, und der Rest der Familie, seine Schritte wahrnehmend, amüsierte sich häufig über die langen Spaziergänge, die er in seinem kleinen Zimmer unternahm. Meistens war er barfuß in seinem Zimmer. Diese Angewohnheit, von einer Seite zur anderen zu gehen, während er las, sich Notizen machte oder schrieb, setzte sich sein ganzes Leben lang fort.

Die wichtigsten Bücher, die er in dieser Periode seines Lebens — von 13 bis 20 — studierte, waren der Qur-ân und die Bukhari, die er ununterbrochen las. Andere Bücher, die er las, waren Dala-i-lulkhairat und Masnawi Maulana Rum, die er beide sehr gern hatte. Häufig las er auch Tazkirat-nl-Aulia, Futhoohul Ghaib und Safarus-sa-aadat.

Als er 16 war, hatte er sich auch bereits intensiv mit der Bibel, den Veden der Hindus und Kommentaren christlicher Autoren beschäftigt. Er versah sie genauso ausführlich mit Anmerkungen wie den Qur-ân. »Ich habe gründlich und ernsthaft über ihre Kritik am Islam nachgedacht«, erzählte er einem Freund. »In meinem Zimmer habe ich die Einwände, die sie gegen Mohammad erhoben haben, gesammelt. Ihre Anzahl beträgt fast 3 000.«

Der Verteidiger des Islams war bereits am Werk.

Aber als er seine 20 erreicht hatte, gelangte sein Vater zu der Überzeugung, daß sein Sohn zuviel Zeit aufs Lesen und Beten verwandte und zu wenig Zeit, zu lernen, wie man sich einen Lebensunterhalt verdient. Er machte sich Sorgen, wie Ahmad nach seinem Tode überleben würde. Es gab ununterbrochen bittere Zurechtweisungen über seine Lebensweise.

Ahmad schien nicht zu verstehen, warum darum soviel Aufhebens gemacht wurde. Als er einen Freund der Familie über den Verlust eines günstigen Geschäftes klagen hörte, bemerkte er, daß er nicht verstünde, weshalb Leute sich soviel Sorgen über Geld und Erfolg machten.

»Warte nur, bis du eine eigene Familie hast, dann wirst du anders darüber denken«, sagte der Mann.

Sein Vater beschloß schließlich, daß Ahmad bei der Verwaltung des Familienbesitzes helfen sollte. Auch sollte er ihm in seinen Rechtsstreiten zur Wiedererlangung des Familienbesitzes helfen.

In einem seiner 85 Bücher berichtet Ahmad über das Empfinden seines Vaters für ihn. Er wollte ihn mit weltlichen

Angelegenheiten beschäftigt sehen, obwohl ihm das nicht lag. »Trotzdem, um meinen guten Willen zu beweisen und um Gottes Wohlgefallen zu erlangen, aber nicht um der weltlichen Güter willen, unterwarf ich mich, meinem Vater zu dienen und seinetwegen begann ich, mich mit weltlichen Angelegenheiten zu beschäftigen…«

»Oft sagte er mir, daß er aus Sympathie für mich meine Teilnahme an weltlichen Angelegenheiten wünschte, obwohl ihm klar war, daß im Grunde allein die Religion es wert sei, befolgt zu werden, und daß er nur seine Zeit vergeudete.«

Gerichtshöfe in Indien arbeiteten damals ohne besondere Beachtung des Zeitaufwandes. Ein Tag wurde angesetzt für den Beginn der Verhandlungen, und alle Personen, die in die betreffenden Fälle verwickelt waren, erschienen zur gleichen Zeit. Wenn der Richter sich bereit erklärte, sich einen der Fälle anzuhören, pflegte ein Ausrufer herauszutreten und die Namen des Klägers und Verteidigers auszurufen. Wenn jemand nach mehrtägigem Warten zufällig nicht da war, wenn sein Name genannt wurde, hatte er Pech gehabt — der Fall wurde ohne ihn verhandelt.

Ahmad nutzte die Wartezeit zum Studium des Qur-âns und natürlich zur Verrichtung der vorgeschriebenen Gebete. Sein Studium des Qur-âns war so intensiv, daß ein Ochsenkarrenbesitzer, der Ahmad einmal von Qadian nach Batala brachte, etwa 17 ½ km weit entfernt, folgendes berichtete: Die Fahrt dauerte zwei Stunden, und während dieser ganzen Zeit las Ahmad eine Seite immer und immer wieder, die Sure Fâteha, das Eröffnungskapitel des Heiligen Qur-âns.

Viele Verhandlungen der Fälle seines Vaters fanden in Dalhousie, einem Gebirgsort, statt, ca. 160 km von Qadian entfernt und 2530 m über dem Meeresspiegel gelegen, oder in Lahore, das ungefähr 112 km von Qadian entfernt liegt. Die Straßen waren nicht besser als Landwege und es gab keine öffentlichen Verkehrsmittel, was bedeutete, daß Ahmad zu

Fuß ging und mehrere Tage für die Reise benötigte. Obwohl ihm der Zweck seiner Reise nicht gefiel, sagte Ahmad später, daß er sich an der Schönheit der Landschaft begeisterte, den majestätischen Bergen, dem üppigen Grün der Vegetation und den sprudelnden und frischen Bergbächen. Das war vollkommen anders als das brütend heiße und staubige Qadian im Sommer und der Schlamm und die Feuchtigkeit während der Regenzeit, in welcher Qadian manchmal völlig vom Wasser eingeschlossen war und man im Kanu um die Stadt herumrudern konnte.

»Ich fühlte die unendliche Schönheit und Majestät Gottes in dieser Umgebung«, sagte er später. »Ich fühlte mich Gott näher.«

Außer den gerichtlichen Aktionen, mit denen Ahmads Vater versuchte, den Familienbesitz zurückzubekommen, war er auch in Prozesse mit seinen Pächtern verwickelt. Einmal verklagte sein Vater einige Pächter, weil sie Bäume gefällt hatten, die auf Feldern standen, die er ihnen vermietet hatte. Ahmad war der Ansicht, daß sein Vater in seinem Verhalten im Unrecht war. Die Bäume waren auf den Feldern gewachsen, genau wie das Getreide. Gehörte also nicht ein Anteil des Wertes der Bäume den Pächtern?

Am Tag, bevor er wegen dieser Rechtsfälle aufbrach, unterrichtete er die Leute nach dem Ischa-Gebet in der Moschee, daß er auf Geheiß seines Vaters zum Gericht ginge. »Bitte betet zu Gott, daß die Wahrheit siegen möge. Ich bitte nicht darum, daß zu meinen Gunsten entschieden wird. Gott kennt die Wahrheit. Wer immer also im Auge Gottes Recht hat, der möge gewinnen und Erfolg haben.«

Seine Widersacher bezweifelten nie, daß Ahmad stets die volle Wahrheit sagen und die Fakten weder zu seinen Gunsten besonders ausschmücken noch verdrehen würde. In einem viel späteren Fall fragte ihn einmal der Rechtsanwalt der Familie, was er auszusagen gedenke, und Ahmad erwiderte, er könne nichts als die Wahrheit sagen. Nachdem er Ahmad angehört hatte, zuckte er mit seinen Schultern und sagte, es hätte keinen Zweck, vor Gericht zu gehen. Als die Verhandlung beginnen sollte, ging er zum Richter und zog den Fall zurück.

In einem anderen späteren Fall rief der Angeklagte Ahmad als Zeugen der Verteidigung. Ahmads Aussagen waren entscheidend, und der Fall wurde zugunsten des Angeklagten entschieden. Das verursachte einen gewaltigen Familienstreit.

»Man kann nicht von mir erwarten, daß ich die Wahrheit verleugne«, war Ahmads einzige Bemerkung.

Tatsächlich war sein Ruf, ungeachtet der Konsequenzen, die Wahrheit zu sagen, so stark, daß die Angeklagten dem Richter sagten, sie würden bevorzugen, sich entsprechend Ahmads Aussage hinsichtlich der fraglichen Punkte zu fügen. Ahmad würde dann die Tatsachen darstellen, so weit wie er sie kannte, und das führte häufig dazu, daß gegen seinen Vater entschieden wurde. Im Falle der gefällten Bäume sagten die Dorfbewohner dem Richter: »Fragen Sie Mirza Ghulam Ahmad, was die Wahrheit ist.«

Ahmad legte seine Ansicht dar, die zu Gunsten der Dorfbewohner ausfiel, und der Richter entschied gegen Ahmads Vater.

Die Diener, die Ahmad begleitet hatten, kamen kurz vor ihm zu Hause an, und als sein Vater sie nach dem Ausgang des Falles fragte, trauten sie sich nicht, zu antworten. Sie sagten, sie wüßten es nicht. Als Ahmad erschien und befragt wurde, machte er keinen Versuch, zu verschweigen, daß es seine Aussagen waren, aufgrund derer Ahmads Vater den Fall verloren hatte.

Sein Vater brach in einen Wutanfall aus. »Geh mir aus den Augen. Verschwinde aus meinem Haus«, schrie er ihn an. Es würde ihm hier kein Essen mehr gegeben werden, sagte er.

Seine Mutter versorgte Ahmad jedoch einige Tage mit Essen, während sein Vater wütete. Dann brach Ahmad nach Batala auf, wo die Familie ein Haus besaß. Er wohnte zwei Monate dort, bis der Ärger seines Vaters sich abgekühlt hatte und ihm gesagt wurde, er könne nach Hause kommen.

Einmal war Ahmad gerade beim Mittagsgebet, als sein Fall aufgerufen wurde. Der Angeklagte verlangte, daß der Fall zu seinen Gunsten entschieden werde, weil kein Vertreter der klagenden Partei erschienen war. Der Richter lehnte das Gesuch jedoch ab, studierte gründlich die vorher von Ahmad vorgelegten Papiere, befragte den Angeklagten und gab dann sein Urteil ab. Ahmad, nachdem er seine Gebete beendet hatte, kehrte zum Gericht zurück, wo ihm gesagt wurde, daß der Fall bereits entschieden sei.

Ahmad betrat den Gerichtsraum und in dem Glauben, der Fall sei gegen ihn entschieden worden, erklärte er dem Richter, daß er beim Mittagsgebet gewesen sei und deshalb nicht anwesend gewesen sei. Er bat, daß der Fall nochmals verhandelt werden solle. Der Richter schüttelte den Kopf und lächelte. Er hatte sein Urteil getroffen und gedachte nicht, es abzuändern — es war zu Gunsten von Ahmads Vater.

Der Kampf seines Vaters, die Dörfer wieder zu erlangen, setzte sich fort, und als er vor immer höhere Instanzen gebracht wurde, stiegen auch die Kosten. Er investierte jetzt große Geldsummen. Am Ende, so schätzte man, hatte er 70 000 Rupien ausgegeben, eine horrende Summe, wenn man berücksichtigt, daß seine jährliche Rente für seinen Militärdienst nur 200 und die lebenslangen Pachterträge aus den fünf Dörfern 700 Rupien im Jahr betrugen.

Der Rechtsstreit kam am Ende vor das Gericht in Lahore. Der Fall dauerte mehrere Tage und jeden Tag brachte ein Diener der befreundeten Familie, bei der Ahmad sich aufhielt, sein Mittagessen zum Gericht. Eines Tages bat Ahmad den Diener, das Essen zum Haus zurückzutragen, da er nach

Hause käme und es dort essen würde. Er brauchte nicht länger mehr im Gericht zu bleiben, sagte er. Kurze Zeit später kam Ahmad mit einem heiteren Lächeln auf dem Gesicht heim.

Hatte er gewonnen, wurde er gefragt.

Nein, verloren, antwortete Ahmad.

Warum war er dann so glücklich?

Weil der Fall nun für alle Zeiten abgeschlossen sei, sagte Ahmad. Der Fall könne nicht weiter getragen werden. Das bedeutete, daß er sich nicht länger mehr mit diesem hoffnungslosen Kampf beschäftigen müsse. Er könne nun alle Spitzfindigkeiten der Gerichte vergessen und mehr Zeit dem Gebet und dem Studium des Qur-âns widmen.

Für seinen Vater war es das Ende eines Traumes, er wurde bitter und enttäuscht, wenn er die Besitztümer der Familie zu seiner Jugendzeit mit dem jetzt noch Verbliebenen verglich.

Die Sorge seines Vaters, daß Ahmad nach seinem Tode nahezu mittellos sein würde, wurde stärker. Seine Rente für den Militärdienst als auch die Pachterträge aus den fünf Dörfern würden aufhören. Dies war es, woraus sie ihren Lebensunterhalt bestritten. Die Mieten, die ihre Besitzungen in Qadian ihnen einbrachten, waren nur gering. Und nach seinem Tode würden sie außerdem noch zwischen Ahmad und seinem Bruder aufgeteilt werden.

Erst im Jahre 1864, als Ahmad 29 war, setzte sein Vater schließlich seinen Willen durch. Er sicherte ihm eine Arbeitsstelle als Gerichtssekretär in der Zivilverwaltung im Distrikt Sialkot, einige Kilometer von Qadian entfernt. Sein Wohnort änderte sich, nicht aber seine Lebensweise. Er mietete ein einfaches Zimmer, und kehrte meist sofort nach Beendigung seiner Arbeit dorthin zurück. Dort verschloß er die Tür und öffnete sie nur seinem Vermieter, der ihm sein Abendessen heraufbrachte. Außerdem hatte er Zugang zu einem kleinen Hof, wo er ungestört beten konnte.

Natürlicherweise war man neugierig, wie Ahmad seine Zeit verbrachte, und einige Nachbarn brachten es fertig, einen Blick in sein Zimmer zu werfen, wenn die Tür geöffnet wurde. Sie entdeckten, daß Ahmad entweder betete oder den Qur-ân las. Manchmal hatte er sich gerade in die Sadschda geworfen, eine Position äußerster Demut, in der er lange verharrte. Einmal hörten sie ihn beten, »O Gott, mein Herr. Dies ist Dein Heiliges Wort. Es ist mir nicht möglich, seine Bedeutung zu erfassen, außer Du Selbst hilfst mir dabei.«

Einige Bauern, die in gerichtliche Prozesse verwickelt waren, folgten Ahmad bis in seine Wohnung, in der Absicht, mit einer kleinen Bestechung Ahmad dazu zu bewegen, Fürsprache für sie einzulegen. Ahmad lehnte es strikt ab, sie zu sehen und ließ seinen Wirt ausrichten, er würde sich, soweit es in seinen Kräften stände, mit den Fällen befassen, wenn die Ämter während des Tages geöffnet seien.

Auf unehrliche Weise hätte er Menschen niemals geholfen, auf andere Art aber tat er es. Sein karges Zimmer und seine dürftigen Mahlzeiten verbrauchten nur einen kleinen Anteil seines Gehaltes. Den Rest verwandte er, Nachbarn zu helfen, die in offensichtlicher Not waren. Und da sein Vater ihn Medizin gelehrt hatte, besorgte er Medikamente und behandelte sie.

Er vermied es, Leuten zu imponieren, mit denen er beruflich zu tun hatte. Gelegentlich wurde er in abgelegene Dörfer geschickt, um Einzelheiten von Beweismaterial in Streitfragen aufzunehmen, die demnächst vor Gericht gebracht würden. Die meisten Beamten erwarteten, mit Essen und Unterkunft versorgt zu werden, für sich selbst ebenso wie für den Diener und das Pferd, die mit ihnen gekommen waren, obwohl sie für diese Ausgaben Spesen erhielten.

Nicht so Ahmad. Er nahm nicht nur seine eigene Verpflegung mit, sondern auch Futter für sein Pferd. Und es war der

Diener, der den größten Teil des Weges ritt. Ahmad sagte, er zöge es vor, zu Fuß zu gehen.

Obwohl er kein großes Interesse für belanglose Gespräche und harmlosen Büroklatsch aufbringen konnte, ging Ahmad nach Feierabend meistens zusammen mit seinen Arbeitskollegen, wenn sie zu Fuß nach Hause zurückkehrten. Ein Streit entstand, wer von ihnen wohl der beste Läufer sei. Sie beschlossen, ein Wettrennen zu veranstalten, und Ahmad nahm daran teil, obwohl er nicht in die Diskussion verwikkelt gewesen war. Sie liefen barfuß.

Zur großen Verblüffung seiner Kollegen war es Ahmad, der als erster bei der Brücke, dem vereinbarten Ziel, anlangte. Sein Sieg konnte eigentlich nicht überraschen, da er bis an sein Lebensende täglich mehrere Kilometer zu Fuß lief und seine karge Ernährung ihn schlank und körperlich fit erhielt.

Obwohl sein Leben in Sialkot mit Studien ruhig und einsam verlief, fand Ahmad sich für private Diskussionen mit Hindus und Christen und Muslimen gesucht. Unter seinen Freunden war ein Hindu-Rechtsanwalt, ein Wächter des Gerichts, ein Direktor einer christlichen Schule sowie ein Arzt und Drogist. Ein Ort, an dem sie sich häufig trafen, war der Laden des Arztes und Apothekers, nicht weit von Ahmads jetziger Wohnung entfernt. Mit diesem Arzt und Drogisten zusammen studierte Ahmad Medizin.

Doch meistens diskutierten sie über Religion. Die reine Einhaltung der Pflichtgebete sei nicht genug, sagte Ahmad, während einer Diskussion über das Gebet. Noch sei es ausreichend, sich einem spirituellen Führer anzuschließen. Jeder Mensch müsse ein eigenes Streben entwickeln. Und er zitierte den Qur-ânvers: »Wahrlich, die Unsere Sache erstreben, Wir werden sie auf den Pfad leiten, der zu Uns führt.«

Ahmad traf auch viele christliche Missionare, die zu damaliger Zeit oft auf den Basaren predigten und häufig sehr vehement gegen den Islam auftraten. Ahmad nahm nie an den scharfen öffentlichen Debatten teil, wohl aber an ernsten privaten Diskussionen mit einigen Missionaren. Einer von ihnen, Rev. Butler von der C.M.S. (Church Missionary Society), wurde ein fester Freund.

Als für Mr. Butler die Zeit kam, daß er nach England zurückkehren mußte, kam er in die Büros von Sialkot, um sich von Ahmad zu verabschieden. Europäer hatten zu jener Zeit den unerschütterlichen Glauben, daß sie die regierende Klasse seien und daß ihr Ansehen bei den Leuen auf keine Weise geschmälert werden dürfe. Zufällig traf Mr. Butler bei seinem Besuch im Gericht den Bevollmächtigten, der annahm, daß Mr. Butler gekommen war, um ihn zu sehen. Eigentlich nicht, gestand Mr. Butler, er sei gekommen, um Ahmad auf Wiedersehen zu sagen!

Niedere Regierungsangestellte hatten zu jener Zeit keine Schreibtische und Ahmad saß zusammen mit anderen Angestellten auf einer Matte auf dem Fußboden. Mr. Butler setzte sich nieder und plauderte mit Ahmad zum Abschied — sehr zum Ersaunen sowohl der britischen Beamten als auch der indischen Sekretäre.

Ahmad sei ein großer religiöser Denker, erklärte Mr. Butler später und er sei stolz, ihn gekannt zu haben. Sie hatten sich viele Male über religiöse Fragen auseinandergesetzt. Einmal sagte Mr. Butler, der Grund, daß Jesus von einer Jungfrau geboren war, sei der, daß er frei von jeglichem Makel von Sünden bliebe, die Adam all seinen Nachkommen vererbt habe.

Ahmad fragte, wie das möglich sein könne, da Maria ja selbst von Adam abstamme. Und war es nicht Eva gewesen, die Adam in Versuchung geführt hatte, die Frucht vom verbotenen Baum zu nehmen, und ihn damit zum Sünder gemacht hatte?

Mr. Butler, in dessen missionarischer Ausbildung offenbar derartige Diskussionen nicht mit eingeschlossen gewesen waren, mußte ihm eine Antwort schuldig bleiben.

Wie verhielt sich Ahmad als Verteidiger des Islams? Eine Beschreibung lautete: Eine besondere Art von Glanz lag in seinen Augen. Seine Natur ist demütig, doch gleichzeitig beherrschend. Sein Temperament ist kühl, aber auch herzerwärmend. Seine Fähigkeit, Rauheiten zu ertragen, brachte Ausgleich zu seiner demütigen Haltung. Er spricht so sanft, daß er zu lächeln scheint.

Diese Seite seines Charakters, sein stetes Lächeln, wurde sein ganzes Leben lang von Freunden wie von Feinden immer wieder erwähnt.

Ein Freund beschrieb, er habe eine »Ausstrahlung von Spiritualität und Ruhe« und ein »übernatürliches Leuchten« gehe von ihm aus. Er strahlte eine »liebende Zärtlichkeit« aus, die »eine natürliche Offenbarung seines inneren Selbst« war. Sie war verbunden mit »einem strahlenden Lächeln und unerschütterlicher Ruhe.«

Andere honigsüße Beschreibungen sprachen von »durchgeistigtem Glanz und Ruhe«, von »funkelndem Leuchten des spirituellen Lichtes« und einer »heiteren und friedvollen Ausstrahlung.«

Etwas direkter waren die Beschreibungen seiner physischen Erscheinung. Er hatte einen sehr hellen Teint — »fast wie Weizen«, sagte sein Schwager. Doch hatte seine Haut dabei eine schwache rötliche Nuance, wie sie in Nordindien verbreitet ist. Niemals wurde er blaß, wird berichtet, nicht einmal in Augenblicken extremer Qual und Sorge.

Weinte er in Momenten großer persönlicher Tragik in der Abgeschiedenheit seines Hauses? Niemand ist am Leben, der diese Frage beantworten könnte. Niemand hat darüber einen schriftlichen Bericht hinterlassen. Doch gibt es einige Leute, die angaben, daß sie einige Male unfreiwillig mitanhören mußten, wie Ahmad in Zurückgezogenheit betete und manchmal lange qualvoll im Gebet weinte. Einer Aussage zufolge war »der Boden vor ihm naß von seinen Tränen«, aber vielleicht kann das als eine poetische Übertreibung angesehen werden.

Eine ausführlichere Beschreibung seiner Erscheinung zu jener Zeit lautete, daß sein Haar schwarz war, sein Bart dicht, seine Augen dunkelbraun, seine Wimpern »lang und schattenhaft«, seine Stirn »ziemlich breit, hoch und gerade«.

Im Qur-ân wird den Menschen vom unnötigen Starren — dem »Ghaz-e-basar« — abgeraten, deshalb sollten sie, wenn immer möglich, die Augen nicht ganz aufreißen. Es war ein Gebot, das Ahmad sein ganzes Leben hindurch befolgte.

Trotz seiner Diskussionen mit Missionaren und Freunden empfand Ahmad das Leben in Sialkot allgemein als eine große Strafe. Er lebte dort »allein in Gesellschaft und einsam in der Menge« sagte er später.

Sein unmittelbarer Vorgesetzter, ein Hindu, hatte eine Abneigung gegen den Islam und ließ keine Gelegenheit ungenutzt, eine verächtliche Bemerkung loszuwerden. Da er Ahmads Vorgesetzter war, war er der Auffassung, seine Ansichten hätten in religiösen Dingen unangefochten zu bleiben. Das war schwierig mit Ahmad.

Einmal riet ein Freund Ahmad, doch seinen Vorgesetzten in diesen Argumenten gewinnen zu lassen. Es wäre leichter für dich, riet er. Aber Ahmad weigerte sich strikt. Ich kann den Islam nicht unverteidigt lassen, sagte er. So ertrug er die Konsequenzen in Form jener kleinen Gemeinheiten und Ungerechtigkeiten, mit denen ein mittelmäßiger Vorgesetzter einem Untergebenen zusetzen kann.

Sialkot ist wie ein Gefängnis für mich, vertraute er einem Nachbarn aus Qadian auf dessen Frage hin an, wie ihm seine neue Arbeit gefalle, als der ihm im Auftrag seiner Mutter einige Kleidungsstücke gebracht hatte. Später erklärte er, wie unangenehm er es fände, von berufswegen gezwungen zu sein, mit Leuten aller Art zu verkehren. »Ich war überrascht über ihre Lebensweise. Ich stellte fest, daß das Hauptinteres-

41

se der meisten darin lag, gesetzlich oder ungesetzlich zu Geld zu kommen, und all ihr Streben in diesem kurzen Leben war auf die Welt gerichtet. Ich traf wenige, die höhere moralische Eigenschaften an den Tag legten, wie etwa Demut, Adel, Keuschheit, Bescheidenheit, Mitleid und Reinheit.«

»Die meisten waren von Hochmut befallen, von schlechtem Benehmen und Vernachlässigung ihrer religiösen Pflichten, stattdessen hatten alle Formen niederer Moral bei ihnen Einzug gehalten... all meine Zeit verbrachte ich in Zwang und Unbehagen.«

Im Jahre 1868, ungefähr vier Jahre nach seiner Ankunft in Sialkot, erhielt Ahmad Nachricht von seinem Vater mit dem Auftrag, sofort zu kündigen und umgehend nach Hause zurückzukehren. Seine Mutter war schwer krank. Ahmad tat, wie ihm geheißen. Auf dem Bahnhof von Batala wartete eine von Ahmads Vater geschickte Yakka, ein von einem Pferd gezogener Wagen, um Ahmad abzuholen. Der Fahrer erzählte Ahmad, daß der Zustand seiner Mutter sich weiter verschlechtert hatte. Ahmads Sorge um seine Mutter vermehrte sich. Er fürchtete, daß die Nachrichten des Kutschers eine Taktik waren, ihn schonend darauf vorzubereiten, daß seine Mutter bereits tot war. Und so war es.

Seine Mutter, deren Name Chiragh Bibi war, war eine sanfte Frau gewesen, freundlich und großzügig zu denen, die in Trauer oder Armut zu ihr kamen. Ahmad vermißte sie sehr und betete häufig für ihre Seele.

Kapitel 5

Islam im Niedergang

Ahmad verbrachte den größten Teil des Tages nun mit dem Studium des Qur-âns und der überlieferten Aussprüche Mohammads. Er hatte auch eine große Menge an Kommentaren zum Qur-ân und den Traditionen gesammelt, die im Laufe der Jahrhunderte geschrieben worden waren, manchmal in mehreren Ausgaben. Er besaß auch verschiedene Ausgaben der Bibel, die er von den englischen oder amerikanischen protestantischen Missionaren und der römisch-katholischen Kirche bekommen hatte, sowie die Thora der Juden. Er studierte auch Werke und Kommentare über Hinduismus, Buddhismus und Sikhismus.

Seine Studierstube war gleichzeitig seine Schlafstube, derselbe kleine kahle Raum im ersten Stock des äußeren, für die Männer vorbehaltenen Teiles des Hauses, den er schon als Junge bewohnt hatte. Damit er weder dadurch gestört wurde, daß er selbst zu den Mahlzeiten herunterkommen mußte, noch durch einen Diener, der ihm das Essen heraufbrachte, richtete Ahmad es so ein, daß sein Essen in einen Korb gelegt wurde, den er, wenn er essen wollte, heraufziehen konnte. So konnte er während des Essens weiter studieren.

Ahmad und viele andere Muslime hielten damals den Islam nicht nur für angegriffen, sondern auch für im Verfall begriffen. Die Eroberung Indiens durch die Briten hatte den Subkontinent dem Bekehrungseifer der Missionare eröffnet, deren Mehrzahl aus Großbritannien kam, aber auch aus den USA, Deutschland und anderen europäischen Ländern. Viele von ihnen betrachteten dies als eine wahrhaft von Gott gegebene Gelegenheit, den Orient zum Christentum zu bekehren. Die britische Militär- und Zivil-Regierung betrachtete die

Verbreitung des Christentums im großen ganzen nicht als einen Grund für ihre Anwesenheit in Indien. Trotz des Druckes von seiten der missionarischen Vereinigungen gestattete sie, ohne Einmischung, allen Religionen ihren Wettstreit. Diese Pax Britannica hatte den rückhaltlosen Beifall Ahmads.

Sicherlich wurde das Christentum stets eine Spur zuvorkommender behandelt, aber ebenso wichtig war die Tatsache, daß das Christentum die Religion der regierenden Klasse war. Viele dachten: Wenn du deine Position im Leben verbessern willst, dann kann es von Nutzen sein, Christ zu werden. Dies war nicht unbedingt der Fall. Aber im Gegensatz zu anderen Kolonialmächten versuchten die Briten selten, anderen Völkern ihre Kultur aufzudrängen.

Das Christentum war für einen großen Teil Indiens eine neue Religion, und seine Gegenwart war sichtbar. Während die Missionare Mitglieder gewannen, schien es den Muslimen, daß der Islam von nutzlosen Streitigkeiten über Lappalien immer weiter zerrissen wurde. Es gab viele Moscheen, aber wenige Betende.

Mohammad hatte prophezeit, daß eine Zeit kommen würde, in der die Muslime mehr auf die äußerliche Einhaltung der Gebote achten würden als auf ihren Sinn. Sie würden ihre Moscheen schmücken und kunstvoll gearbeitete seidene Schutzhüllen für ihre Qur-âne herstellen. Aber sie würden von den Moscheen fernbleiben und die im Qur-ân enthaltene Rechtleitung vernachlässigen. Was die fünf obligatorischen täglichen Gebete anginge, so würden viele Muslime sie vollständig vernachlässigen, während die Gebete anderer ohne Wert, nur auf die formalen Gebetshaltungen reduziert sein würden.

Mohammad faßte das Eintreffen dieser Zeitspanne in einem bekannten Ausspruch zusammen:

»Eine Zeit wird kommen, in der die Muslime eine Person für ihren Mut, ihre Verträglichkeit, ihr schönes Benehmen und ihre Weisheit ehren werden, während in ihren Herzen nicht ein Fünkchen Glaube ist.«

Warum war der Islam derart gespalten, während andere Religionen ihre missionarischen Anstrengungen verstärkten, fragte Ahmad. Er beschrieb seine Gefühle in einem Gedicht, das er auf Persisch verfaßte: »Vor euren eignen Augen ist der Islam im Staub versunken. Welche Entschuldigung werdet ihr Gott anbieten, o Muslime, die ihr euer Leben in Luxus verbringt?«

Es gab christliche Missionare in Indien und allen europäischen Kolonien auf der ganzen Welt, aber es gab keine Missionare des Islams in Europa oder den Vereinigten Staaten. Der Islam war zum Stillstand gekommen, wenn er nicht schon im Verfall begriffen war.

Muslime vernachlässigten die großen moralischen Werte des Islams, sagte Ahmad. Sie sollten Stolz und Vertrauen auf die ewigen Wahrheiten und die im Qur-ân enthaltene Führung haben. Diese moralischen Werte sollten in allen Aspekten ihres täglichen Verhaltens Maßstab sein.

Ahmad war überzeugt, daß die Christen von der Wahrheit der Bibel, ungeachtet ihrer Unstimmigkeiten über unwesentliche Fragen, überzeugt waren. Aber, erklärte er, die Muslime seien in zwei Lager gespalten, deren Differenzen die Fundamente des Islams betrafen.

Da waren einerseits diejenigen, die dem Qur-ân eine absolute Vorrangstellung einräumten, doch praktisch alle überlieferten Aussprüche Mohammads als unzuverlässig ablehnten. Die andere Gruppe maß den Aussprüchen des Propheten solche Wichtigkeit bei, daß sie den Qur-ân ihnen unterordneten.

Ahmad erklärte, der Qur-ân sei fundamental und erhaben, aber die Aussprüche des Propheten seien eine Quelle der Führung, die für das rechte Verständnis des Qur-âns nötig waren. Wenn ein Ausspruch nicht mit dem Qur-ân in Widerspruch stehe, sollte er als authentisch akzeptiert werden.

Aber er wies darauf hin, daß das Brauchtum, die Sunnah Mohammads, direkt von seinen Gefährten übernommen und durch die Jahrhunderte erhalten geblieben war und so eine viel sicherere Quelle seiner Anleitungen seien als seine Aussprüche, die erst ungefähr zweihundert Jahre nach Mohammads Tod gesammelt worden waren. Er entwickelte eine Methode, welche es erlaubte, alle Überlieferungen nach den gleichen Kriterien zu beurteilen und bewahrte so dem Islam den großen Schatz von Verständnis und Einsicht, der in ihnen enthalten war.

Die Tatsache, daß der Qur-ân absolut authentisch und das offenbarte Wort Gottes ist, war für Ahmad unantastbar. Einigen muslimischen Geistlichen zufolge waren viele Qur-ân-verse, vielleicht bis zu 600, durch später offenbarte Verse aufgehoben worden. Ahmad verwarf vollständig die Idee einer Aufhebung eines Verses, einer Phrase oder eines Wortes des Qur-âns. Das Mohammad von Gott diktierte Wort könne durch nichts und niemanden gestrichen oder abgeändert werden, sagte er.

In Batala war er mit einem jungen Mann gleichen Alters mit Namen Muhammad Hussain in Kontakt gekommen. Er hatte dieselben Interessen wie Ahmad, so daß viele Diskussionen stattfanden. Über diese Zeit schrieb Muhammad Hussain: »Von seiner frühesten Kindheit an war er bekanntermaßen begeistert von Durood und Wazaaif. Als Schuljunge besaß er Bücher wie Tohfa-i-Hind, Tohfa-tul Honood, Khal'a-tul Honood, wie auch Literatur über Schiitentum, Sunnitentum und Christentum und Bücher über Monazirah. Immer war er von dem Wunsch besessen, Bücher zur Verteidigung des Islams zu verfassen, die dieser Religion zum Sieg über alle anderen Religionen verhelfen sollten.«

Über Ahmads Charakter sagte er, daß er vertrauenswürdig, zuverlässig und würdevoll in seiner Erscheinung war, ein Mann von großer Entschlossenheit und erhabenen Gedanken. Er erachtete nichts als wichtig, wenn es nicht im Einklang mit seinem großen Entschluß stand.

Muhammad Hussain sollte diese hohe Meinung von Ahmad nicht immer beibehalten.

Kapitel 6

Verteidiger des Glaubens

Mirza Ghulam Murtaza fuhr fort, seinen Sohn in gewissen Zeitabständen immer wieder zu bedrängen, eine gesicherte Arbeitsstelle zu suchen, welche ihn für den Rest seines Lebens mit Einkommen versorgen würde. Ihm wurde eine Stelle im Ausbildungswesen im nahegelegenen Staat Kapurthala angeboten, aber er lehnte sie ab. Seinem Vater seine Gründe erklärend, schrieb Ahmad: »Ich habe keinerlei Wunsch, in irgendeinen Dienst zu treten. Alles, was ich brauche, sind zwei Anzüge aus grobem, handgewebtem Stoff und etwas Brot, gleichgültig welcher Art und Güte, was gerade vorhanden ist. Das ist alles.«

In einem anderen Brief schrieb er: »Deshalb wünsche ich, ich könnte den Rest meiner Tage in einer abgeschiedenen Ecke verbringen, mich von jeglicher menschlichen Gesellschaft zurückziehend, um mich ganz dem Gedenken Gottes zu widmen... Es gibt keine Beständigkeit in dieser Welt. Alles Leben ist vergänglich.« Ahmads Vater bemerkte einem Freund gegenüber: »Sein Verhalten gefällt mir eigentlich. Ich weiß, daß es der rechte Weg ist, den er verfolgt.«

Aber die Sorge überkam ihn immer wieder. »Er weiß nicht, wann die Sonne auf- oder untergeht«, erzählte er einem Freund. »Er ist den ganzen Tag von Büchern umgeben, außer wenn er in die Moschee geht.«

Obwohl er aus solch einer bekannten Familie stammte, war Ahmad wegen seiner Zurückgezogenheit praktisch unbekannt. An Religion interessierte Menschen erkannten ihn aber als eine Autorität des Qur-âns an, und es war in dieser Eigenschaft, daß er gebeten wurde, seinem alten Freund Muhammad Hussain gegenüberzutreten.

Muhammad Hussain war nach Delhi gegangen, um zu studieren, und als er zurückkehrte, war er ein überzeugtes Mitglied der Wahabi-Sekte. Dies erweckte beträchtliche Abneigung bei seinen Nachbarn. Als Ahmad Batala besuchte, betrachtete ein Mann, dem er bekannt war, seinen Besuch als eine Gelegenheit, Muhammad Hussain aus der Fassung zu bringen. Ahamd sollte ihr Vorkämpfer sein und Muhammad Hussain zeigen, wie falsch seine neue Richtung sei.

Mit dem widerstrebenden Ahmad in ihrer Mitte brachen sie auf, um Muhammad Hussain zu finden. Wie bei Menschenversammlungen üblich, kamen auf ihrem Wege immer mehr Leute hinzu, alle gespannt auf den bevorstehenden, intellektuellen Wettstreit und vielleicht noch gespannter darauf, ihren Nachbarn eine Niederlage erleiden zu sehen. Sie fanden Muhammad Hussain in der Moschee. Ahmad nahm ihm gegenüber Platz, und als der Lärm sich gelegt hatte, versuchte er mit seiner ersten Frage die Basis festzulegen, auf der sie argumentieren würden.

Was für eine Position er einnähme, fragte Ahmad und was sein Anspruch sei.

Muhammad Hussain antwortete: »Meine Überzeugung ist, daß der Qur-ân an erster Stelle steht, als Ausgangspunkt für alle unsere Ansichten. Die Worte Mohammads, wie sie uns in den Hadith überliefert sind, kommen nach dem Qur-ân. Wenn irgendeine Aussage im Widerspruch zu diesen beiden Quellen steht, verdient sie keine weitere Beachtung, egal, von wem sie stammt.«

Sobald Ahmad dies gehört hatte, rief er aus: »Wenn das deine Ansicht ist, ist sie äußerst vernünftig. Es ist nichts dagegen einzuwenden.«

Er stand auf, um nach Qadian zurückzukehren. Für ihn war die Diskussion zu Ende.

Sofort brach unter den Anwesenden ein großer Tumult aus. Ärgerliche Stimmen erhoben sich. Der Mann, der den

Wettstreit organisiert hatte, war wütend. »Welche Schande! Welche Schande!« rief er. »Was für eine Demütigung, die du uns beschert hast. Fällt dir sonst nichts ein, das du ihm sagen kannst?«

Ahmad blieb unbewegt. Wie könnte er wagen zu behaupten, daß gewisse Beschlüsse Gottes, die Mohammad offenbart und im Qur-ân festgehalten worden waren, abgetan werden sollten, fragte er. Wie könnte er es wagen, vorzuschlagen, daß stattdessen Mohammads Aussprüchen, die lediglich mündlich überliefert worden waren, Vorrang eingeräumt werden müsse? Beides sei miteinander nicht vergleichbar, sagte er.

Ahmad wurde verspottet, da er in den Augen vieler zu schnell aufgegeben hatte. Aber er schämte sich nicht. Er hatte nur gesagt, was richtig war. Nichts konnte dem offenbarten Wort Gottes überlegen sein, wiederholte er.

Er eröffnete später, daß er von Gott eine Offenbarung bezüglich seines Verhaltens erhalten hatte. »Dein Gott ist höchst zufrieden mit dir für diese Tat und wird dich segnen.«

Eine christliche Missionsstelle war in Batala eingerichtet worden, aber anders als in Sialkot, nahm Ahmad dort keinen Kontakt mit ihr auf. Da er nicht in Batala lebte, hielt er es für besser, die Verteidigung des Islams den Muslimen zu überlassen, die dort wohnten und ohne Schwierigkeiten zur Verfügung stehen würden.

Ein Muslim von Batala kam zu Ahmad, um ihn in seinem Kampf mit den christlichen Missionaren um Hilfe zu bitten. Er war ein Steuerbeamter namens Nabi Bakhsh. Ahmad diktierte ihm einige Notizen zu Themen, die wahrscheinlich von den Missionaren angeschnitten werden würden. Er forderte Nabi Bakhsh auf, den Islam so rücksichtslos anzugreifen, wie er es könne, um ihm zu beweisen, daß der Islam verteidigt werden könne, egal, woher der Angriff kommt.

Ahmad benutzte zu jener Zeit eine in Mirzapore herausgegebene Bibel. Er machte viele Anmerkungen am Rande und verfertigte Auszüge. daraus, die Nabi Bakhsh auswendig lernen mußte.

Ahmad unterwies ihn sowohl in der Ilzami- als auch in der Tahqiqi-Methode der Debatte. Für eine öffentliche Diskussion mit einem christlichen Missionar eignete sich die Ilzami-Methode besser, sagte er, da sie den Diskussionspartner für einige Zeit zum Schweigen brachte, was weniger gebildeten Leuten den Eindruck vermittelte, die Runde sei an den Islam gegangen.

In privaten Diskussionen mit wahrheitssuchenden Menschen riet er jedoch zur Tahqiqi-Methode, die einen tiefergehenden Vergleich zwischen den islamischen Lehrern und den Ansichten, die andere Religionen vertraten, verlangte. Würde man einem ernsthaften Frager eine Ilzami-Antwort geben, könne leicht der Eindruck erweckt werden, es gäbe keine überzeugende Antwort auf die in seiner Frage enthaltene Kritik.

Wenn massive Attacken gegen den Islam gestartet wurden, ließ Ahmad sich widerwillig auf den Streit ein. Die drei vorherrschenden Religionen auf dem indischen Subkontinent, Islam, Hinduismus und Buddhismus, hatten sich gegenseitig weitestgehend toleriert. Sie griffen einander nicht an. Diese Situation änderte sich abrupt mit dem Aufkommen der Arya-Samaj Hindu-Sekte, in deren Mittelpunkt die Person Swami Dayanand und seine Lehren standen. Er war ein leidenschaftlicher Anti-Muslim und predigte gegen Mohammad und den Qur-ân.

Ahmad beschloß, daß diese Angriffe nicht unbeantwortet bleiben durften. Er wollte nur nicht aus seiner Abgeschiedenheit an die Öffentlichkeit treten und bat deshalb Freunde der Familie, ob er unter ihrem Namen diesen Attacken entgegentreten könne. Sie willigten ein. Seine ersten Briefe und Artikel wurden also unter verschiedenen Namen veröffentlicht. Einer der älteren Männer, unter deren Namen er schrieb, war Sheikh Rheem Bakhsch, der Vater von Muhammed Hussain.

Unter seinem eigenen Namen jedoch brachte er schließlich eine Herausforderung vor. Die Grundlage aller Werte in zwischenmenschlichen Beziehungen sei die Wahrheitsliebe, sagte er, und seiner Meinung nach könne man den Wert einer Religion nur nach der Wichtigkeit beurteilen, die dieser Eigenschaft beigemessen wurde. Er habe 20 Jahre lang das Studium der Religion betrieben und sei zu dem Schluß gekommen, daß keine Religion die Wichtigkeit der Wahrheitsliebe derart betone wie der Islam.

Könne irgend jemand, Christ, Hindu oder Sikh, mehr Zitate aus seinen heiligen Schriften über den Wert der Wahrheitsliebe nennen, als er vom Qur-ân vorweisen könne, fragte er. Könnten sie auch nur die Hälfte oder ein Drittel derartiger Zitate vorlegen wie er? Er sei gewillt, jedem, der dazu imstande sei, einen Preis von 500 Rupien zu zahlen.

Niemand nahm die Herausforderung an.

Bald wurde durch eine praktische Begebenheit bewiesen, daß Ahmad nach seinen Prinzipien lebte. Er hatte einer Druckerei einen Artikel in einem Päckchen geschickt, das an beiden Enden offen war. Auf diese Weise wurde es als Drucksache befördert und kostete wesentlich weniger Porto. Diesem Artikel war ein Brief mit Anweisungen an den Drucker beigelegt. Wurde einer Drucksache ein normaler Brief beigefügt, verstieß das gegen die Bestimmungen des Postamtes. Die Bußen für eine solche Übertretung waren überraschend hoch — eine Geldstrafe bis zu 500 Rupien oder sogar sechs Monate Gefängnis!

Der Besitzer der Druckerei, an die der Artikel geschickt worden war, war ein Christ — und zwar offenbar ein recht fanatischer Christ. Er unterrichtete die Behörden sofort über diesen Brief mit den Anweisungen. Ahmad wurde vors Gericht in Gurdaspur gerufen wegen Betruges am Postamt.

Er konsultierte einen Anwalt und bekam zu hören, der einzige Weg, der Verurteilung zu entkommen, sei, abzustreiten, daß er diesen Brief dem Paket beigelegt hatte. Er könne behaupten, ein Diener habe den Brief unbedacht dem Paket beigefügt, um Ahmads Geld zu sparen.

Ahmad weigerte sich, an diesem Betrug teilzunehmen. Der Rechtsanwalt weigerte sich daraufhin, seine Verteidigung zu übernehmen. So übernahm Ahmad seine eigene Verteidigung. Er gab zu, seinem Manuskript den Brief hinzugefügt zu haben. Aber es sei kein privater Brief gewesen, er enthielt lediglich Anweisungen, wie der Artikel zu drucken sei. Deshalb glaube er, daß er nichts Falsches getan habe.

Der britische Postbeamte ließ einen Redeschwall über dieses Vergehen los, wortgewaltiger vielleicht, als bei einem solch geringen Verstoß gerechtfertigt. Nach jeder Einlassung aber schüttelte der Richter den Kopf und sagte nein. In seiner Zusammenfassung sagte er, die Anklage hätte gar nicht erst erhoben werden sollen. Sie grenze an Verfolgung. Er war sehr beeindruckt von Ahmads Aufrichtigkeit. Er wies die Anklage zurück.

Ahmad hatte nun beschlossen, daß er auf jeden Angriff gegen den Islam unverzüglich reagieren müsse. Er ging auch auf jede Aussage ein, die er für unvereinbar mit den islamischen Lehren oder den allen Religionen gemeinsamen Geboten hielt.

Als Swami Dayanand, Gründer der Arya-Samaj Hindu-Sekte, behauptete, die Anzahl der Seelen sei unendlich und nicht einmal Gott bekannt, bestritt Ahmad diese Aussage. Die Argumente, die er vorbrachte, waren so überzeugend, daß ein Sekretär der Sekte eine Erklärung abgab, ihre Anhänger seien keine blinden Anhänger Swami Dayanands. Sie akzeptierten, was der Swami sagte, nur dann, wenn sie es auch für vernünftig hielten.

Ahmad beschloß auch, daß mehr nötig war als die bloße

Verteidigung des Islams gegen Angriffe. Der Islam mußte in die Offensive gehen.

Ein islamischer Gelehrter sagte: »Sein Studium des Heiligen Qur-âns, seine tiefen Reflexionen über die ewigen Wahrheiten, sein absolutes Vertrauen auf Gottes Gnade und Wohlwollen und seine zahlreichen Begegnungen mit Ihm hatten ihn schon mit den Eigenschaften eines überzeugenden Verfechters des Islams ausgestattet. Unter göttlich inspiriertem Drang wurde er dazu bewegt, ein Projekt ins Leben zu rufen, dessen Ziel nicht nur der Schutz des Islams gegen feindliche Angriffe sein würde, sondern das auch den Beweis für die offensichtliche Überlegenheit des Islams über alle anderen Glaubensrichtungen bringen würde. Er beschloß, die hervorragenden Eigenschaften des Islams in einem umfangreichen Werk darzulegen, das er Braheen Ahmadiyya nennen wollte.«

Die Zusammenstellung dieses monumentalen Werkes war ein ungeheures Unternehmen. Ahmad hatte Zugang zu der Familienbibliothek, die, obwohl während der Sikh-Invasion zerstört, inzwischen wieder einen beachtlichen Umfang angenommen hatte. Er hatte seine eigene Bibliothek, aber das war auch alles. Und an Einrichtungen außerhalb Qadians war nicht leicht heranzukommen.

Jetzt zahlten sich die Jahre des Studierens und des Nachdenkens über die Bedeutung jedes einzelnen Qur-ân-verses aus. Sein erstgeborener Sohn, Sultan Ahmad, äußerte sich hinsichtlich dieser Jahre: »Ich bin absolut davon überzeugt, daß er in jener Zeit den Qur-ân über 10 000 mal gelesen hat.«

Wenn er ein Zitat zur Unterstützung eines Argumentes anführen wollte, war er in der Lage, sofort anzugeben, wo es zu finden sei. Er konnte Worte und Verse schnell und sinnvoll auswählen, aufeinander beziehen und verbinden.

Seine Schreibmethode war interessant. Er hatte zwei Tintenfässer an zwei gegenüberliegenden Seiten seines Zimmers plaziert. Sie standen auf Untertassen und waren mit einem Rand von Lehm umgeben, so daß sie nicht umkippen konnten. Während er im Zimmer auf und ab ging, schrieb er auf das Papier, das er mit sich trug, und füllte seine Schreibfeder vom Tintenfaß auf der Seite des Raumes, die er gerade erreicht hatte. Dann ging er zurück auf die andere Seite, wo er seine Feder in das Tintenfaß tauchte, das er dort aufgestellt hatte. Auf diese Weise brauchte er sein Schreiben nicht zu unterbrechen.

Kapitel 7

Säulen von geistigem Licht

Es lohnt sich, Ahmads Lebensstil dieser Zeit zu betrachten. Es gibt eine Anzahl von Zeugen. Da war zum Beispiel vor allem sein Vetter Mirza Din Muhammad, der anfangs gar nicht wußte, daß er existierte. Er schrieb: »Ich war der Ansicht, Mirza Ghulam Murtaza habe nur einen Sohn, denn Ahmad lebte in solcher Abgeschiedenheit in dem Haus, daß ich ihn selten sah. In der Moschee sah ich ihn häufig und erfuhr nach und nach, daß er der zweite Sohn Mirza Ghulam Murtazas war.«

Er beschloß, ihn kennenzulernen. »Ich saß mit seinem Vater in der Moschee, als ich Ahmad weggehen sah. Eilig stand ich auf und folgte ihm. Ich holte ihn erst ein, als er soeben sein Zimmer betreten hatte und es von innen verriegelte. Er öffnete mir die Tür und fragte, ob ich mit ihm etwas zu tun hätte. Ich sagte ihm, daß ich ihn gern kennenlernen würde. Er bat mich, Platz zu nehmen und erkundigte sich, woher ich käme... So wurden wir beide miteinander bekannt.«

Mirza Din Muhammad besuchte Ahmad seither immer, wenn er sich in Qadian aufhielt, und wurde sein Schüler. Er schlief auch in Ahmads Zimmer, wenn sie bis spät in die Nacht hinein gearbeitet hatten. Es war klein und die einzigen Möbelstücke waren ein Charpoy, ein grobes hölzernes Bettgestell mit gewebten Streifen von Bändern als Unterlage, auf die man eine Decke oder Matratze legte, und ein hölzerner Takhtposh, eine mit Stoff bespannte Bank.

Ahmad bestand darauf, daß Mirza Din Muhammad auf dem Charpoy schlief. Gegen zwei Uhr morgens würde sich Ahmad zum Tahadschud-Gebet erheben. Er weckte Mirza Din Muhammad sanft mit einem feinen Sprinkel von Wassertropfen, genau wie Mohammad es mit seinen Anhängern vor 1300 Jahren in der arabischen Wüste getan hatte.

Als einmal zu einem späteren Zeitpunkt eine Diskussion über die Schwierigkeit, zu dieser Zeit des Morgens aufzuwachen, entstand, riet Ahmad, seinem Beispiel zu folgen. »Ich sage mir, Ahmad, wach auf zum Gebet. Dann wache ich einfach auf.«

Ahmad legte sich anschließend nicht wieder schlafen. Er zündete eine kleine tönerne Lampe an und begann zu studieren und zu beten, bis der Ruf zum Morgengebet ertönte — ungefähr eineinviertel Stunden vor Sonnenaufgang. Er verbrachte also den größeren Teil jeder Nacht in schweigendem Wachen und Beten.

Er sprach oft über den Wert des Betens. Einmal erwähnte jemand, er verrichte zwar die Gebete, habe aber das Gefühl, daß sie weder von besonderem Nutzen seien, noch interessierten sie ihn sonderlich. Woraufhin Ahmad sagte: »Ob es Dir gefällt oder nicht gefällt, du solltest deine Gebete weiterhin einhalten. Ein Kranker mag auch kein Essen zu sich nehmen, aber diejenigen, die ihn versorgen, versuchen doch, ihn zum Essen zu bewegen. Manchmal müssen sie ihn beinahe zwingen. Ebenso, ob du gern betest oder nicht, solltest du auf jeden Fall fortfahren, deine Gebete zu verrichten.«

Er fügte hinzu, »Wann immer ich etwas nicht verstehe oder auf eine Schwierigkeit stoße, vergesse ich die Schwierigkeiten und fange an, zu Gott zu beten — das löst das Problem.«

Bei anderer Gelegenheit sagt er, das Gebet sei wie das Ausheben eines Brunnens. »Manchmal sind die Menschen enttäuscht und hören zu graben auf, obwohl sie nur wenige Meter tiefer auf Wasser gestoßen wären. Genauso ist es mit dem Gebet. Du mußt mit dem Beten fortfahren. Es hat keinen Sinn, einige Tage lang intensiv zu beten und dann aufzugeben.«

Selbst wenn er im Bett lag, hörte Ahmad nie auf, an Gott zu denken und zu beten. Seine Lippen bewegten sich ununterbrochen, wurde gesagt, und diejenigen, die in seiner Nähe geschlafen hatten, hatten zu unterscheiden gelernt, ob er sich gerade in einem Zustand der Bewunderung Mohammads befand oder Gottes Lob murmelte. Oft riet er: »Macht es euch zur Angewohnheit, euch im Zustand von Gebet oder heiligen Erinnerns zu befinden, wann immer ihr in der Nacht aufwacht oder eure Lage verändert.«

Im Mirza-Haushalt waren Verwandte und Gäste, die zufällig vorbeikamen, jederzeit herzlich willkommen, denn die Familie war groß und als die Gründer des Dorfes waren sie natürlich die wichtigsten Leute. Jedem Besucher wurde eine Mahlzeit angeboten. Ahmad gesellte sich nicht zu ihnen. Er ließ sich seine Mahlzeit weiterhin in den Korb legen, den er an einer Schnur zu seinem Fenster im ersten Stock heraufzog. Wenn Mirza Din Muhammad über Nacht blieb, wurde sein Abendessen ebenfalls in den Korb gelegt. Gelegentlich hatte er noch einen anderen Besucher namens Hafiz Mo'i-ud-Din und Ahmad bat Mirza Din Muhammad, auch für ihn eine Mahlzeit zu besorgen. Wenn Hafiz Mo'i-ud-Din fertig war, pflegte Ahmad ihn zu fragen, ob er nicht noch mehr essen wolle.

»Dann gab Ahmad ihm gewöhnlich seine eigene Portion — und manchmal auch noch meine«, sagte Mirza Din Muhammad. »Ahmad aß sehr langsam, er benötigte lange für jeden Bissen.« Gelegentlich, wenn Mo'i-ud-Din zu unbedacht von Ahmads Angebot Gebrauch gemacht hatte, und einen großen Anteil ihrer beider Portionen gegessen hatte, gab Ahmad Mirza Din Muhammad eine kleine Münze, um etwas geröstetes Getreide zu kaufen, das nicht viel kostete. Dies hatte dann für den Rest des Tages zu reichen. Ahmad nahm nur sehr wenig davon. »Er nahm ein paar Getreidekörner in den Mund und kaute lange Zeit darauf«, sagte Mirza Din Muhammad.

Eine Vorstellung, daß Ahmad ein einsamer, unfreundlicher Asket war, wäre falsch. Seine Freunde erinnerten sich, daß er freundlich mit ihnen sprach und auf die Oberschenkel schlug, wenn er einen Punkt besonders betonen wollte. Obwohl viele Leute es zu vermeiden suchten, Ahmads barschem, autoritärem Vater zu begegnen, war es mit Ahmad anders. Mirza Din Muhammad sagte: »Meine Erfahrung war, daß er immer äußerst liebenswürdig war. Niemals wurde er böse. Wir zögerten nie auch nur im geringsten, uns an ihn zu wenden, wenn wir wollten. Nie wies er uns ab, weil er beschäftigt oder weil ihm nicht wohl war. Manchmal störten wir ihn, wenn er gerade schlief. Doch auch in diesen Fällen stand er sofort auf, um uns die Tür zu öffnen, ohne uns das Gefühl zu geben, es wäre besser gewesen, ihn nicht gestört zu haben.

»Da seine Tür stets geschlossen war, warf ich manchmal aus einiger Entfernung kleine Steinchen gegen sie. Selbst dieses leise Geräusch genügte, daß er sofort die Tür öffnete.«

Mirza Din Muhammad studierte Medizin und in einem seiner Bücher war eine Abhandlung über Melancholie, ihre Ursachen und ihre Symptome. Als eins der Symptome war ein abgeschiedenes Leben erwähnt. Hierauf bemerkte Ahmad, die Ärzte würden auch wirklich niemanden verschonen: Menschen, die lediglich ein abgeschiedenes Leben führten, würden als wahnsinnig eingestuft.

Mirza Din Muhammad erinnerte sich: »Ich lächelte und sagte, ›Gerade wie es von dir behauptet wird‹.«

Ahmad stimmte in das Gelächter ein, ohne mir meine Bemerkung auf irgendeine Weise übelzunehmen. Später schämte ich mich wegen dieser Bemerkung, aber trotzdem hatte ich nicht das Gefühl, daß eine formelle Entschuldigung nötig gewesen wäre. Ich wußte, daß Ahmad derartiges einfach nicht wichtig war. Niemals trug er irgend jemandem etwas nach.«

Gegen Ende des Junies 1875 erhielt Ahmad in einer Vision

die Anweisung, jetzt dem Beispiel des Propheten zu folgen und einige Zeit zu fasten. Um seinem Vater keine weiteren Sorgen zu bereiten, beschloß er, sein Fasten geheim zu halten. Er traf deshalb mit einigen armen Kindern eine Verabredung, daß sie jeden Tag zu einer bestimmten Zeit unter sein Fenster kommen sollten, wo er Essen an sie verteilen würde.

Er beschränkte sich darauf, jetzt nur eine Mahlzeit, nach Sonnenuntergang, zu sich zu nehmen. Nach zwei oder drei Wochen reduzierte er die Nahrungsmenge noch weiter, so daß er schließlich nur alle 24 Stunden einige Gramm Brot aß.

Später schrieb Ahmad über diese Fastenzeit: »Ich unterwarf mich acht oder neun Monate lang dieser Disziplin und obwohl meine Ernährung während dieser Fastenperiode extrem dürftig und unzureichend war, bewahrte mich Gott der Allmächtige vor jeglicher Krankheit. Während dieser Zeit erlebte ich viele spirituelle Mysterien. Ich traf mehrere frühere Propheten und herausragende muslimische Heilige, die verstorben waren. Einmal, bei vollem Bewußtsein — erblickte ich den Heiligen Propheten ... in Begleitung seiner beiden Enkel, seiner Tochter Fatima und seines Vetters und Schwiegersohns Ali ... Dies fand nicht in einer Art von Traum, sondern im Zustand völliger Klarheit statt.

»Neben diesen Erlebnissen hatte ich Visionen von Säulen spirituellen Lichtes der verschiedensten Farben, weiß, grün und rot, die unbeschreiblich schön und eindrucksvoll waren. Diese Säulen waren so mit meinem Herzen verbunden, daß, sie beobachtend, mein Herz in Ekstase geriet, deren Wonne mit nichts vergleichbar ist. Ich glaubte, daß diese Säulen eine Illustration der gegenseitigen Liebe zwischen Gott und Mensch seien. Ein Lichtstrahl entsprang dem Herzen und strebte aufwärts, während ein anderes Licht von oben herab kam. Als die zwei aufeinander trafen, nahmen sie die Gestalt einer Lichtsäule an.«

»Dieses sind spirituelle Erlebnisse, die jenseits der Vorstellungskraft weltlicher Menschen sind, aber es gibt Leute, denen Wissen um solche Phänomene verliehen worden ist.«

»Ein anderer Nutzen, den ich aus dieser Übung gezogen habe, war die Erkenntnis, daß ich in der Lage war, in Notfällen lange Zeit Hunger ertragen zu können. Ich glaube, daß, wenn ich mich mit einem kräftigen Ringer hierin mäße, er verhungern würde, lange bevor ich irgendwelche Nahrungsaufnahme benötigte.«

»Ich bin auch der Überzeugung, daß man derartige höhere spirituelle Mysterien nicht erleben kann, solange der Körper nicht einer solch großen Härte unterworfen ist. Aber ich würde nicht jedermann dazu anraten, sich solchen Übungen zu unterwerfen, noch habe ich es aus eigenem Entschluß unternommen. In einer klaren Vision hatte ich den göttlichen Befehl dazu erhalten. Nach acht oder neun Monaten beendete ich das Fasten und bin seitdem nur aus seltenen Anlässen darauf zurückgekommen.«

Im Jahre 1876 hatte Ahmads Vater, Mirza Ghulam Murtaza, die 80 längst überschritten, und als er über den herannahenden Tod nachdachte, überkam ihn Traurigkeit hinsichtlich der, wie er sagte, verpaßten Chancen und seiner völligen Hinwendung zu weltlichen Angelegenheiten. Er berichtete von einem Traum, den er gehabt hatte: »Ich sah Mohammad, den Heiligen Propheten, auf mein Haus zukommen. Ich lief auf ihn zu, um ihn zu begrüßen und ihm zu huldigen. Als ich näher kam, fiel mir ein, daß ich ihm eine Willkommensgabe überreichen sollte und ich steckte die Hand in meine Tasche. Doch alles was ich fand, war eine einzige Rupie, und als ich sie näher betrachtete, stellte ich fest, daß sie gefälscht war.«

Mirza Ghulam Murtaza interpretierte diesen Traum als eine Illustration der Tatsache, daß bei Vermischung der Liebe zu Gott mit der Liebe zum Weltlichen erstere den gleichen Wert wie eine gefälschte Münze habe.

Er pflegte auch häufig ein Gedicht seines Vaters zu rezitieren, der, allen Besitzes beraubt und im Exil im Sterben liegend, geschrieben hatte: »Wann immer ich einen Plan schmiede, lacht das Schicksal angesichts meines Bemühens.«

Er bat Ahmad jetzt häufig abends, ihm aus dem Qur-ân vorzulesen. Gewissermaßen als Wiedergutmachung für sein so an Weltlichem orientierten Leben beschloß er, eine Moschee zu bauen. Zuerst versuchte er, eine ehemalige Moschee des Dorfes, die, als die Sikhs Qadian überrannt hatten, zu einem Sikh-Tempel umgestaltet worden war, zurückzugewinnen. Aber er verlor auch diesen letzten Rechtsfall.

Er erwarb deshalb ein freies Gelände, auf dem zur Zeit der Sikh-Herrschaft die Gemeindeverwaltung ihren Sitz gehabt hatte. Als die Besitzer hörten, warum Mirza Ghulam Murtaza das Land kaufen wollte, ahnten sie, daß man seine Pläne nicht durchkreuzen könne. So wurde der Preis von angeblichen anderen Interessenten in die Höhe getrieben, bis Mirza Ghulam Murtaza das Grundstück schließlich für die damals außerordentliche hohe Summe von 700 Rupien erstand. Die Arbeiten begannen sofort gegen Ende des Jahres 1875, und Mirza Ghulam Murtaza bat darum, ihn auf dem Boden der Moschee zu beerdigen, damit er, da er zu Lebzeiten Gottes nur wenig gedacht hatte, wenigstens im Tode das Wort Gottes gepriesen hören könne. Dies könne ein Weg sein, Vergebung zu erlangen, sagte er.

Mitte 1876 war der Bau der Moschee fast fertiggestellt. Ahmad war gerade in Lahore, als er plötzlich eine Vorahnung hatte, daß der Tod seines Vaters nahe war. Er eilte zurück nach Qadian. Sein Vater sah nicht krank aus, lag jedoch mit einer harmlosen Form von Ruhr im Bett. Nachdem er einige Stunden bei ihm gesessen hatte, bat sein Vater ihn, sich in sein Zimmer zurückzuziehen, da er ja eine lange Reise hinter sich habe und es ein heißer Tag sei. Ahmad gehorchte. In seinem Zimmer erfuhr er durch eine Vision, daß sein Vater noch am selben Tage nach Sonnenuntergang sterben würde.

»Diese Nachricht löste in mir den unvermeidlichen durchdringenden Schmerz aus, der jeden Menschen in solch einer Situation trifft, und da die wichtigsten Einnahmequellen unserer Familie mit seinem Leben verbunden waren — die Rente und die Jahreszahlung — überkam mich auch der Gedanke, was nun wohl nach seinem Tode passieren würde. Mein Herz schlug plötzlich unruhig und die Furcht überkam mich, daß nun vielleicht eine Zeit der Not und Armut anbrechen würde. All diese Gedanken schossen mit der Geschwindigkeit eines Blitzes durch meinen Sinn.

Unmittelbar hiernach verfiel ich in einen Trancezustand, und ich erhielt eine weitere Offenbarung »Ist Gott nicht genug für Seinen Diener?«

Auf die göttliche Offenbarung folgte ein sofortiges Gefühl der seelischen Entspannung, als ob eine schmerzliche Wunde plötzlich von einer wunderbaren Salbe geheilt worden wäre ... Ich begriff, daß Gott nicht zulassen würde, daß ich umkam.«

An diesem Abend nach Sonnenuntergang starb sein Vater. Er war zwischen 80 und 85 Jahre alt, und wurde, wie er es gewünscht hatte, auf dem Gelände der Moschee beigesetzt.

Ahmad ließ die Worte der Offenbarung auf einen Halbedelstein gravieren und ihn zu einem Siegelring fertigen.

Später sprach er über Leben und Tod: »Es gibt keine Jahreszeit für den Tod — er kann uns jederzeit ereilen. So müssen wir die Zeit, die uns gegeben ist, würdigen. Wir werden die Zeit nicht noch einmal erhalten. Übrig bleiben nur Erinnerungen.«

Kapitel 8

Eine Schatzkammer voll Wahrheiten

Der Tod seines Vaters brachte für Ahmad gleichzeitig mehr und auch weniger Freiheiten. Sein Bruder, Mirza Ghulam Qadir, übernahm die Verwaltung des Besitzes, so war Ahmad frei, sich ganz seinem Studium zu widmen. Obwohl die Mieten eigentlich hätten aufgeteilt werden müssen, kontrollierte der ältere Bruder die Finanzen. Als Ahmad um Geld für ein Zeitungsabonnement bat, wurde ihm gesagt, daß sie sich derartiges nicht leisten könnten.

Sein Bruder hatte hinsichtlich Ahmads Lebensweise die gleiche Einstellung wie sein Vater und drängte ihn ununterbrochen, eine Beschäftigung zu finden, die ihm ein annehmbares Gehalt einbrächte. Während jedoch die Ermahnungen des Vaters immer von innerer Milde gewesen waren, war dies bei Ahmads Bruder nicht der Fall. Er wurde ungeduldig über das, was er als Ahmads Verstocktheit ansah.

Die Frau seines Bruders verhielt sich erst recht feindlich Ahmad gegenüber. Da sein Bruder nur alle sieben bis zehn Tage nach Hause kam, war sie es, die die Kontrolle über den Haushalt hatte. Ahmads Mahlzeiten bestanden jetzt aus den Essensresten anderer. Ahmad faßte seine Erinnerungen an diese Zeit in dem Satz zusammen: »Es gab eine Zeit, da meine Verpflegung aus den Abfällen von den Tischen der anderen bestand.«

Sieben Jahre lang ertrug Ahmad diese dauernden Demütigungen. Jedoch hatte er genug zum Leben und konnte jetzt all seine Zeit der Fertigstellung des Buches Braheen Ahmadiyya widmen. Für die Veröffentlichung des Buches hatte er keinerlei Kapital — kommerzielle Verlage existierten zu jener Zeit in Indien nicht —, doch ein Aufruf um finanzielle Unterstützung sicherte genug Mittel, um das Drucken der ersten beiden Teile zu bezahlen. Sie erschienen im Jahre 1880. Der Erfolg war überwältigend.

Das Buch enthielt 300 Argumente über die Wahrheit des Islams. Die an verschiedenen Stellen des Buches zitierten Verse ergaben zusammengenommen zwei Drittel des Qurâns. Einer der Rezensenten, ein Freund Ahmads, urteilte: »Das Buch überzeugt Ungläubige, stört die Gleichgültigen auf, warnt die Nachlässigen, vervollständigt das Verständnis der Gläubigen, stärkt die Fundamente islamischer Doktrin und beseitigt alle Zweifel, die von Feinden des Islam vorgebracht wurden.«

Alle Arten von islamischen Gelehrten waren gleichermaßen begeistert. Muhammad Hussain, sein Freund aus Batala, schrieb einen 200 Seiten langen Kommentar. »Besonders mit Rücksicht auf das Zeitalter und die Umstände, in denen wir uns befinden, kann man sagen, daß in der gesamten Geschichte des Islams niemals ein gleichwertiges Buch geschrieben worden ist —, was immer auch hiernach passieren mag. Der Autor hat sowohl durch seine Feder als auch durch sein Wort und durch den Einsatz seiner finanziellen Mittel seine Treue zum Islam derart unter Beweis gestellt, daß nur wenige solche Beispiele unter den Muslimen zu finden sein werden.«

»Der Autor von Braheen Ahmadiyya, so das Zeugnis von Freunden und Feinden, richtet sein Leben nach den Vorschriften des Islams und ist eine fromme und glaubwürdige Person. Es ist bekannt, daß Einflüsterungen des Teufels meist falsch sind, aber nicht eine der vom Autor des Braheen Ahmadiyya erhaltenen Offenbarungen hat sich bis zum heutigen Tage als falsch erwiesen ... Kann ein einziger der Anhänger des Qur-âns glauben, daß dem Teufel wie den Propheten und den Engeln Wissen über zukünftige Ereignisse verliehen werde, so daß keine einzige seiner Offenbarungen sich als falsch erweisen würde?«

Er schloß mit dem folgenden Aufruf: »Die herausragenden Eigenschaften dieses Buches und sein Dienst am Islam werden von jenen erkannt werden, die unvoreingenommen daran gehen ... Deshalb, gemäß dem Motto, daß die einzige Erwiderung auf eine Wohltat eine andere Wohltat ist, möchten wir betonen, daß die finanzielle Unterstützung bei der Herausgabe dieses Buches der gesamten muslimischen Gemeinde eine Pflicht ist.

»Der Autor von Braheen Ahmadiyya hat durch das Schreiben dieses Buches die Ehre der Muslime gewahrt und die Feinde des Islams energisch und betont herausgefordert. Er hat der ganzen Welt verkündet, daß jeder, der noch Zweifel an der Wahrheit des Islams hegt, zu ihm kommen möge, um Zeuge der auf dem Qur-ân basierenden spirituellen und intellektuellen Beweise sowie der Wunder zu sein, die durch das Prophetentum Mohammads so eindeutig für die Wahrhaftigkeit des Islams sprechen.«

Ein anderer muslimischer Geistlicher schrieb: »Der Islam wird von allen Seiten angegriffen. Der Atheismus blüht, und Gottlosigkeit ist im Anwachsen. Die (Hindu)Brahmo-Samaj scheuten keine Mühen, um mit ihren philosophischen Schriften ihre Überlegenheit gegenüber dem Islam zu beweisen. Unsere christlichen Brüder versuchen mit allen Kräften, den Islam zu vernichten. Sie sind überzeugt, daß, solange die Sonne des Islams ihr Licht in der Welt verbreitet, alle Bemühungen des Christentums vergebens sein werden und der Glaube an die Dreieinigkeit keine Unterstützung finden wird. Kurz gesagt, die Anhänger aller Religionen versuchen, das Licht des Islams auszulöschen.

Lange Zeit haben wir gehofft, daß aus dem Kreis muslimischer Heiliger jemand hervortreten würde, der durch göttliche Inspiration die Stärkung und Verteidigung des Islams

übernähme und ein Buch schriebe, das den Bedürfnissen der
Zeit entspräche! Es müßte sowohl durch rationale als auch
durch spirituelle Argumente beweisen, daß der Qur-ân das
Wort Gottes ist und der Heilige Prophet ein wahrer Prophet
Gottes war. Wir sind Gott zutiefst dankbar, daß unser
Wunsch endlich erfüllt worden ist. Hier ist das Buch, auf das
wir so lange gewartet haben. Sein Titel lautet Braheen Ahmadiyya, und der Autor hat in ihm 300 schlagende Argumente
für die Wahrheit des Heiligen Qur-âns und des Prophetentums Mohammads zusammengestellt.

Der Autor dieses Buches ist der beste aller muslimischen
Gelehrten, der Stolz der indischen Muslime und der von
Gott Angenommene. Gepriesen sei Gott! Was für eine wun-
derbare Zusammenstellung dies ist, das mit jedem einzelnen
Wort die Wahrheit des Islams beweist, die Rechtschaffenheit
des Qur-âns und des Prophetentums Mohammads darstellt!
Den Widersachern des Islams wurden kluge und schlüssige
Gegenargumente gegeben. Jeder seiner Aussprüche ist vernünftig und auf brilliante Argumente gestützt, die so überzeugend sind, daß niemand sie anzweifeln kann und jeder
sie akzeptieren muß, vorausgesetzt, er steht ihnen mit gerechter Objektivität gegenüber.

Der Autor hat die Wahrheit des Islams mit so einleuchten-
den Argumenten belegt, daß jeder aufrichtige Mensch zugeben muß, daß der Qur-ân das Buch Gottes, daß das Prophetentum des Heiligen Propheten rechtschaffen und daß der
Islam eine von Gott gegründete Religion ist.

Solch eine Vielfalt an Beweisen wurde angeführt, daß es
keinem Gegner mehr möglich ist, seine Wahrhaftigkeit zu
leugnen und sich ihr zu entziehen. Jedes Argument ist eindeutig. Jeder Beweis ist klar. Dieses Buch ist ein Spiegel des
Glaubens und bis zum Rande voll mit Qur-ân-Zitaten. Es
leitet auf den geraden Weg. Es ist eine Fackel, die den wahren
Weg erhellt. Es ist eine Schatzkammer voller Wahrheiten. Es

ist eine Fundgrube göttlicher Führung. Es ist wie ein Blitz, der in das Lager der Feinde einschlägt und alle seine Argumente verbrennt. Für die Muslime ist es eine Stütze für das Heilige Buch und ein strahlender Beweis der Mutter aller Bücher. Es hat jeden Feind der Religion verwirrt und unsicher gemacht.«

Die Muslime waren stolz auf diesen Verfechter des Islams, aber viele Christen und Hindus waren der Ansicht, daß ihre Glaubenslehren verzerrt worden waren. Eine hinduistische Zeitung sollte später schreiben: »Seine literarische Kapazität steht außer Zweifel. Er schrieb viele Bücher und diese sind gelehrt.«

Doch zur selben Zeit startete Pandit Lekh Ram von der Hindu Arya-Samaj Sekte einen Gegenangriff mit einem Buch, betitelt: Widerlegung von Braheen Ahmadiyya.

Einige Jahre später sollte er auf tragische Weise noch einmal in Ahmads Leben auftauchen.

Kapitel 9

Offenbarungen über die Zukunft

Die Ehe von Ahmad und Hurmat Bibi wurde nicht wieder hergestellt. Sein Bruder und dessen Frau — immer noch kinderlos — betrachteten jetzt Ahmads beide Söhne als die ihren. Als Ahmad aus Sialkot zurückkehrte, zog er wieder in sein altes kleines Zimmer im Männertrakt des Hauses. Ungefähr 26 Jahre lebte er als Junggeselle. Im Jahre 1881 jedoch, als er 46 war, erhielt er eine Offenbarung, daß er irgendwann in der Zukunft noch einmal Vater werden sollte. Einige Zeit vor dem Tod seines Vaters hatte er begonnen, Offenbarungen zu bekommen.

»Wir geben dir die frohe Kunde von einem schönen Sohn«, war die Offenbarung. Einige Monate später erhielt er erneut eine Offenbarung: »Sei dankbar für Meine Wohltat, denn du hast meine Khadidja gefunden.«

Khadidja war der Name der ersten Frau Mohammads und Ahmad schloß hieraus, daß Gott plante, ihn noch einmal heiraten zu lassen. Später wurde ihm offenbart: »Alles Lob gebührt Gott, Der dir durch eine Heirat eine edle Beziehung gewährt und eine edle Abstammung.«

Am 17. November 1884 heiratete er Nusrat Jahan Begum. Auf Deutsch bedeutet ihr Name »die Frau, die aller Welt hilft«. Ihr Vater aber, der Ahmad seit vielen Jahren kannte, war nicht ganz davon überzeugt, daß die Ehe erfolgreich sein würde. Es bestand ein großer Altersunterschied. Sein Ruf, an Geld völlig desinteressiert zu sein, war verständlicherweise kein Aktivposten in den Augen seines zukünftigen Schwiegervaters. Doch es wurde eine lange, glückliche und fruchtbare Ehe. Sie gebar ihm vier Söhne und zwei Töchter.

Seine Freunde waren zuerst besorgt, als er ihnen mitteilte, daß er eine zweite Heirat beabsichtigte, denn seine Gesundheit war nicht gut. Er litt an Diabetes und Migräne und erst vor kurzem hatte er sich von einer Krankheit erholt, die man für Tuberkulose hielt. Ahmad war sich der Schwierigkeiten bewußt, die eine zweite Heirat mit sich bringen würde. Später schrieb er: »Angesichts des zurückgezogenen Lebens, das ich führte, schreckte ich etwas vor den Verantwortungen eines Familienlebens zurück. In dieser bemitleidenswerten Verfassung erhielt ich eine Offenbarung: »Ich werde für alles sorgen, das hinsichtlich deiner Heirat vonnöten sein wird.«

»Gott segnete mich so, daß ich überzeugt war, daß Er mir vollständige Gesundheit und Kraft, die ein gesunder Mensch besitzt, gegeben hatte ... Wenn ich nicht fürchtete, daß man mir Übertreibung unterstellen könnte, würde ich die wunderbaren Veränderungen, die mit mir vor sich gingen, im Einzelnen beschreiben, damit es bekannt sein wird, auf welch vielfältige Weise unser mächtiger Gott seine Zeichen darlegt, besonders Seinen Dienern gegenüber, die Er achtet.«

Ahmads junge Frau versuchte, ihm bei jeder sich bietenden Gelegenheit eine Freude zu machen, und als sie erfuhr, daß er eine besondere Schwäche für einen bestimmten Reispudding hatte, der mit dickem, rohen Zucker in Form von Melasse gekocht wurde, beschloß sie, ihn zu überraschen. Da sie aber das Rezept nicht hatte, nahm sie mindestens viermal soviel Zucker wie benötigt, das Resultat war eher eine Art Zuckergelee als ein Reispudding.

Sie war gerade dabei, das scheußliche Ergebnis zu betrachten, als Ahmad hereinkam, erinnerte sie sich. Er sah sie an und bemerkte, daß sie bekümmert war. Sofort beteuerte er, daß er Reispudding gern mit viel Zucker äße und verzehrte ihn mit scheinbarer Begeisterung. »Er fuhr dabei fort, sich mit mir zu unterhalten, bis meine Angst und Sorge vorüber waren«, erzählte sie.

Im Laufe der Jahre begann er nicht nur ihre Liebe, sondern auch ihre Ratschläge zu schätzen, und häufig zitierte er Mohammads Ausspruch: »Derjenige ist der Beste von euch, dessen Verhalten seiner Frau gegenüber am besten ist.«

Unzählige Berichte erzählen von ihrer »perfekten und idealen Ehe«. Ihr jüngerer Bruder berichtet, von seiner frühesten Kindheit an habe er Ahmad nicht ein einziges unfreundliches Wort zu ihr sagen hören. Er sprach sie stets mit der höflichsten Form von Urdu an, während er mit ihren Kindern in einem Punjabi-Dialekt redete.

Die Offenbarung, daß er ein zweites Mal heiraten solle, kam im Jahre 1881, erfüllt wurde sie jedoch erst 1884. In der Zwischenzeit wurde ihm offenbart, daß er der Reformer des Jahrhunderts sei. Es war ein Titel, den viele Muslime ihm bereits gegeben hatten.

Folgendermaßen beschrieb er seine Offenbarung, in der ihm, wie er sagte, seine zukünftigen Aufgaben mitgeteilt worden waren: »Eines Nachts war ich gerade mit Schreiben beschäftigt, als mich Müdigkeit überkam und ich einschlief. Im Traum sah ich den Heiligen Propheten Mohammad. Sein Gesicht leuchtete wie der volle Mond. Er trat dicht an mich heran, und ich hatte das Gefühl, er wolle mich umarmen. Ich gewahrte, daß die Strahlen des Lichtes, das von ihm ausging, in mich eindrangen. Ich nahm diese Lichtstrahlen ganz genauso wahr, wie wir gewöhnliches Licht wahrnehmen und ich hatte das Gefühl, ich sah diese Strahlen nicht nur mit meinem inneren, sondern auch mit meinem physischen Auge.

Nachdem der Heilige Prophet mich umarmt hatte, konnte ich nicht mit Bestimmtheit sagen, ob der Heilige Prophet sich bereits nach der Umarmung von mir gelöst hatte. Dann wurden die Tore der Offenbarung für mich aufgestoßen und mein Herr sprach zu mir: »O Ahmad, Gott hat dich gesegnet. So war der Streich, den du dem Feind versetzt hast, nicht von dir ausgegangen, sondern von Gott. Gott hat dir Wissen über den Heiligen Qur-ân verliehen, damit du jene warnen mögest, deren Vorväter nicht gewarnt worden waren und damit der Weg der Übertreter deutlich und offensichtlich werde.

Sprich zu den Menschen, daß du zu einer göttlichen Mission berufen bist, und daß du der erste sein wirst, der an diese deine Sendung glaubt.«

Der erwähnte »Streich« war natürlich die Veröffentlichung von Braheen Ahmadiyya, und damit die Widerlegung anderer Religionen.

Kapitel 10

40 Tage Einsamkeit

Ahmad erhielt weiterhin Offenbarungen von Gott, so sagte er, und im Jahre 1883, ein Jahr nach der Veröffentlichung von Braheen Ahmadiyya, teilte Gott ihm mit, daß er jetzt unter den Menschen den Rang von Jesus einnahm.

Auf diese Weise enthüllte Ahmad die Offenbarung: »Der Verfasser ist davon in Kenntnis gesetzt worden, daß er der Mojaddid (Reformer) derselben ist und daß seine spirituellen Eigenschaften und Merkmale den Eigenschaften und Merkmalen des Messias, Sohn der Maria, ähneln. Wir beide ähneln einander auf das Tiefste. Wegen meines Gehorsams gegenüber dem Heiligen Propheten Mohammad, Beispiel aller Eigenschaften eines Propheten, habe ich eine Bevorzugung in Rang und Stellung vor vielen herausragenden Persönlichkeiten, die dahingegangen sind, erhalten.

In meine Fußstapfen zu treten, wird Segnungen bedeuten, während in die entgegengesetzte Richtung zu gehen, eine Quelle von Enttäuschung und Verzweiflung bedeuten wird.«

Ahmad wartete jetzt auf weitere Offenbarungen. Er wußte, daß er weiterer Führung bedürfe, und beschloß, sich Chilla, wie es im Islam heißt, zu unterziehen, einer 40tägigen Periode von Zurückgezogenheit, Gebeten und Kontemplation, in welcher Vereinigung mit Gott gesucht wird.

Diese Periode von 40 Tagen wurde von heiligen Männern zu allen Zeiten respektiert. Mose verbrachte 40 Tage und Nächte auf dem Berg. Jesus blieb 40 Tage und Nächte in der Wüste. Unzählige andere Gottesmänner suchten während einer gleichen Zeitspanne der Gebete und Meditation Führung.

Ahmad wußte jedoch nicht, wo er sich Chilla unterziehen solle, und erst im Januar 1886 teilte Gott ihm mit, daß er in die kleine Sadt Hoshiarpur gehen solle. Ein Einwohner dieser Stadt, der von Ahmads Vorhaben erfahren hatte, stellte ihm zur Benutzung ein kleines zweistöckiges Haus am Stadtrand zur Verfügung. Ahmad nahm das Angebot an und brach Ende Januar 1886 in einem Ochenskarren nach Hoshiarpur auf.

Drei seiner Anhänger, die um Erlaubnis gebeten hatten, mit ihm zu gehen, begleiteten ihn. Als sie in einem sehr altmodischen und löcherigen Boot den Fluß Beas überquerten, bemerkte Ahmad, einen religiösen Mann auf solch einer Reise zu begleiten, sei wie das Überqueren eines Flusses — es bestand Hoffnung, das andere Ufer sicher zu erreichen —, doch es bestand auch die Gefahr, zu ertrinken.

Ahmad sagte seinen Begleitern, daß einer von ihnen ihm seine beiden täglichen Mahlzeiten heraufbringen, sie hinsetzen und wieder gehen solle, ohne zu sprechen. Niemandem sei erlaubt, zu ihm zu kommen und ihn anzusprechen, sagte er. Wenn seine Zurückgezogenheit vorüber sei, würde er noch einige Tage in dem Haus verweilen — wieviele, wisse er noch nicht — und jeder, der kommen wolle, könne dann kommen. Nur freitags verließ Ahmad das Haus, wenn sie in eine isolierte Moschee, die in einem Park außerhalb der Stadt lag, gingen. Dort leitete Ahmad das Dschumu'ah, i.e. Freitagsgebet.

Ahmad sprach nicht mit seinen Begleitern über seine Erlebnisse während dieser Zeit, aber sie wurde immer als eine Art Vorbereitungsphase für seine öffentlich eingeleitete Ernennung zum Gesandten Gottes für die Welt angesehen. Das »gewaltige Zeichen«, um das er Gott gebeten hatte, wurde ihm auch gewährt und wurde der Welt im Februar 1886 vorgetragen: »Gott der Allmächtige, der Herr der Ehre und des Ruhms, der Barmherzige, Gütige und Erhabene, Der die Macht hat, alles zu tun, was Er will (Ehre sei Ihm und geheiligt sei Sein Name) hat mir die folgende Offenbarung zukommen lassen: ›Ich verleihe dir ein Zeichen Meiner Gnade, gemäß deinem Gesuch, und habe deine Gebete durch Meine Gnade mit Annahme geehrt und diese deine Reise gesegnet. Ein Zeichen der Macht, der Barmherzigkeit und Meiner Nähe ist dir gewährt, ein Zeichen der Güte und des Wohlwollens ist dir zugesprochen und dir wird der Schlüssel zum Erfolg und Sieg gewährt…

Freue dich daher«, fährt die Prophezeiung fort, »daß dir ein schöner und reiner Junge geschenkt werden wird. Du wirst einen intelligenten Knaben empfangen, von deinem Samen und deiner Nachkommenschaft … Er ist mit einem heiligen Geist ausgestattet und wird frei sein von allem Unreinen. Er wird mit hohem Maße an Intelligenz und Verstand begabt sein, sein Herz wird sanftmütig sein und erfüllt mit weltlichem als auch spirituellem Wissen. Sein Ruhm wird die Enden der Welt erreichen … die Menschen werden durch ihn gesegnet sein. Dann wird ihm im Himmel ein spiritueller Rang zugewiesen werden. Dies ist eine beschlossene Sache.

Dein Haus wird reich an Segnungen sein … Ich werde deine Nachkommenschaft sich reich vermehren lassen … deine Nachkommen werden sich ausbreiten in verschiedenen Ländern. Deine Nachkommenschaft … wird blühen und gedeihen bis ans Ende der Tage. Gott wird deinem Namen Ehre zuteil werden lassen bis zum letzten Tage und wird deine Botschaft bis an die Enden der Erde tragen.«

Die letzten Worte wurden als die wichtigsten Worte der Offenbarung angesehen. Gott wollte Ahmad nicht nur zum Verteidiger des Islams machen, Gott wollte jetzt, daß Ahmad die Botschaft des Islams auf der ganzen Welt verbreite. Und Er Selbst garantierte, daß sie über die ganze Welt getragen würde.

Die Offenbarung fuhr fort: »Ich werde dich erheben und dich zu Mir rufen, doch dein Name wird vom Gesicht der

Erde niemals ausgelöscht werden ... alle, die dich zu demütigen suchen und zu hindern und zugrunde zu richten wünschen, werden enttäuscht werden, werden sterben und zunichte gemacht werden. Ich werde deine treuen, aufrichtigen Freunde mehren und werde ihr Leben und ihren Besitz segnen, ihre Zahl wird sich vergrößern und sie werden immer überlegen über diejenigen sein, die eifersüchtig und feindselig gegen dich sind.

Du bist Mir wie die Propheten der Kinder Israels. Du bist wie eine Einheit mit Mir. Du bist von Mir, Ich bin von Dir. Die Zeit naht heran ... wenn Gott deine Liebe in die Herzen von Königen und Edelleuten pflanzen wird, so überwältigend, daß sie Segnungen von deinen Kleidern suchen werden...«

Einen Monat später, am 22. März 1886, erklärte er: »Dies ist nicht nur eine Prophezeiung. Es ist ein machtvolles Zeichen des Himmels, das Gott gezeigt hat, um die Wahrhaftigkeit und Größe des sanften und mitleidigen Propheten Mohammads zu zeigen ... Dieses Zeichen ist hundertmal größer, besser und perfekter, erhabener und vollkommener als die Auferweckung eines Toten. Ein solches Ereignis, dessen Möglichkeit in Frage gestellt werden kann, bedeutet das Wiedererwecken eines Geistes zum Leben durch demütiges Gebet. In diesem Falle hat Gott der Allmächtige versprochen, einen gesegneten Geist zu senden, dessen offenbare und verborgene Segnungen sich auf der ganzen Welt verbreiten werden...«

Ein Jahr nach der Offenbarung von Hoshiarpur erhielt Ahmad die Anweisung, den Grundstein zu seiner Gemeinde zu legen. Jedoch erst im Dezember 1888 gab er dies öffentlich bekannt. Im darauffolgenden Monat, am 12. Januar 1889, gab er die zehn Bedingungen bekannt, auf denen die Ahmadiyya-Gemeinde gegründet sein würde.

Ihre Mitglieder sollten geloben, daß:

In ihrer Anbetung nichts Gott beigesellt werden solle.

Sie Falschheit, Ehebruch, Grausamkeit, Unehrlichkeit und Auflehnung scheuen würden und sich nicht von ihren Leidenschaften hinreißen lassen würden.

Sie die fünf täglichen Akte der Anbetung verrichten würden.

Sie Gottes Lebewesen im allgemeinen und Muslime im besonderen kein Leid zufügen würden, weder durch ihre Hände noch ihre Zunge noch andere Mittel.

Sie in Freud und Leid, in Reichtum und in Armut Gott treu bleiben würden, und bereit sein würden, jede Kränkung und Schmerz zu ertragen, in der Stunde des Unglücks sich nicht von Gott abwenden, sondern nur noch näher zu Ihm rücken würden.

Sie nicht niedrigen Bräuchen folgen und sich gegen böse Neigungen verwahren würden.

Sie Stolz und Hochmut abwerfen und ihr Leben in Demut, Bescheidenheit, Höflichkeit und Sanftmut verbringen würden.

Ihre Religion, die Würde und das Gedeihen des Islams ihnen mehr wert sein würden als Leben, Reichtum und sogar ihre Kinder.

Sie um der Güte Gottes willen Mitleid mit all seinen Kreaturen haben und sich mit allen ihren Fähigkeiten zur Förderung ihres Wohlergehens einsetzen würden.

Und schließlich erklärte Ahmad, sollten sie eine brüderliche Beziehung zu ihm aufbauen unter der Bedingung, ihm in allen guten Dingen zu gehorchen und daran bis zu ihrem Lebensende festhalten, und diese Beziehung sollte von solcher Höhenordnung sein, daß keine andere weltliche Beziehung ihr gleichen solle.

Zwei Monate später ging Ahmad nach Ludhiana und am 23. März 1889 begann er, formell die Treuegelübde anzunehmen. Der ehemalige Arzt, Nurud-Din, war der erste, der

Ahmads rechte Hand ergriff und den Eid leistete. Er richtete in Bhera gerade eine Klinik ein, als er von Ahmads Predigten hörte, und reiste nach Qadian, um mit ihm zu sprechen. Er hatte vorgehabt, nicht länger als eine Nacht zu bleiben, blieb aber auf Ahmads Einladung hin einige Tage. Aus »einigen Tagen« wurden einige Wochen. Dann ließ er sich seine Bücher schicken und gab Anweisungen, die halbbeendete Klinik zu verkaufen. Er verbrachte den Rest seines Lebens in Qadian. Als Ahmad starb, und Gott hatte ihm inzwischen offenbart, daß er der Verheißene Messias sei, wurde Nurud-Din der Erste Nachfolger des Verheißenen Messias.

Kapitel 11

Wo starb Jesus?

Die Treueschwüre zu Ahmad in Ludhiana 1889 fanden neun Jahre nach der Veröffentlichung von Braheen Ahmadiyya statt. Die Einführung des Buches war keineswegs eine Erklärung Ahmads, daß er irgendetwas anderes als der Reformer des Jahrhunderts war — Gott hatte ihn beauftragt, der Sache des Islams zu dienen, indem er auf falsche Lehren und Gewohnheiten hinwies, die sich dem Islam wie Kletten angeheftet hatten. Sie mußten mit aller Kraft angegriffen werden, damit sie ausgerottet werden konnten.

Nach dem Prophetentum Mohammads hat es viele anerkannte Reformer gegeben, gewöhnlich am Anfang oder am Ende jedes Jahrhunderts. Ahmad erklärte, daß er der Reformer des 14. Jahrhunderts im Islam sei und daß diese Reformation im Geiste Jesu ausgeführt werden solle.

In einem Brief an Maulvi Nurud-Din in 1885 schrieb er, daß er »von Gott beauftragt worden sei, zu versuchen, im Geiste des Propheten von Nazareth, dem Israelitischen Messias, die Menschheit wiederzubeleben, durch perfekte Demut, Bescheidenheit, Sanftmut und Besorgnis, und Unwissenden den geraden Weg zu zeigen, durch den wirkliches Heil erlangt werden kann und durch den in dieser Welt Zeichen des göttlichen Lebens und die Strahlen von Annahme und Liebe gesehen werden können.«

Zu dieser Zeit erhob Ahmad nicht den Anspruch auf das Amt des Mahdis oder Führers. Noch nahm er das Amt eines Propheten oder Gesandten Gottes in Anspruch. Und ganz gewiß erhob er nicht Anspruch, der Messias zu sein, dessen Erscheinen der Menschheit in allen großen Religionen der Welt prophezeit worden war.

Was das Gelübde anbelangte, so hatten viele Heilige ihren Anhängern gestattet, über ihre Hand ein Treuegelöbnis abzulegen. Die Verkündigung der Zeremonien in Ludhiana stieß also unter muslimischen Geistlichen auf keine Opposition.

Ein Gelehrter schrieb: »In der Tat wurde er als ein großer Verfechter des Islams anerkannt, ein heiliger Mann von ungewöhnlicher Frömmigkeit, großer Tugend und voller Begeisterung für den Dienst am Islam. Er wurde als beispielhafter Verfechter des Glaubens und als sein mächtiger Verteidiger angesehen.«

»Auch Nicht-Muslime sahen in ihm einen herausragenden islamischen Kämpfer und waren sich seiner eindringlichen Schriften voll bewußt.«

Doch diese Anerkennung seiner Rolle als ein edler Verteidiger des Islams von seiten aller Muslime sollte nicht lange andauern.

Der große Streit war kurz vor dem Ausbruch. Ende 1890, ungefähr 18 Monate nach der Annahme des ersten Treuegelübdes, verkündete Ahmad, er habe eine neue Offenbarung von Gott erhalten: Jesus Christus war nicht lebendig im Himmel. Die Ungeheuerlichkeit dieser Aussage war gleichermaßen schockierend für Muslime und für Christen.

Die Christen glaubten, daß Jesus als Sohn Gottes lebendig im Himmel lebte und zur Welt zurückkehren würde, Muslime glaubten genau so fest, daß er physisch neben Gott im Himmel lebte und vor dem Tag des Gerichts auf die Erde herunterkommen würde, um die Sünder zu bestrafen und für alle Zeiten das Königreich Gottes zu errichten.

Gott habe ihm nicht nur offenbart, daß Jesus tot sei, wie alle sterblichen Menschen sterben müßten, wie gut und heilig sie auch gewesen sein mochten, sagt Ahmad. Gott habe ihm auch mitgeteilt, daß ein großer Reformer im Geiste Jesu der Welt gesandt werden würde. Gott hatte ihm gesagt, daß er diese erwählte Person sei. Die genaue Offenbarung lautete:

»Der Messias, Sohn der Maria, Prophet Gottes, ist tot. Du bist es, der in seinem Geist erschienen ist, gemäß dem Versprechen. Und das Versprechen Gottes wird immer erfüllt.«

Die muslimischen Geistlichen waren empört und Ahmad wurde zum Abtrünningen erklärt, zum Betrüger und Feind des Glaubens. Der Sturm der Streitfrage erschütterte ihn nicht, und er antwortete ihnen mit einer sachlichen Darstellung, indem er die Beweise aus dem Qur-ân heranzog. Nicht ein einziger Vers unterstütze die These, daß Jesus lebendig in den Himmel aufgefahren sei, sagte er. Während es viele gab, die besagten, daß Jesus gestorben sei.

Mohammad war gestorben, warum also sollten sie glauben, daß Jesus physisch noch am Leben sei, fragte Ahmad. Er deutete an, daß Muslime von gewissen allegorischen Aussagen in die Irre geführt worden waren, und daß unglücklicherweise der Glaube der Christen an einen lebendigen Jesus im Himmel nach und nach dem Islam hinzugefügt worden war.

Jesus hatte selbst darauf hingewiesen, daß das zweite Erscheinen des Elija durch das Erscheinen von Johannes dem Täufer erfüllt worden war. In der gleichen Weise erfülle sein Erscheinen das Versprechen von der Wiederkehr Jesu.

Ahmad sagte, ebenso, wie er der Messias sei, sei er auch der Führer oder Mahdi, dessen Ankunft zu gleicher Zeit vorausgesagt worden war. Diese waren nicht zwei verschiedene Personen, sagte er, sondern zwei Ämter, die ein und dieselbe Person innehabe. Das Versprechen, der Mahdi werde alle Ungläubigen töten und alle Nationen zum Islam bekehren, heiße nicht, daß er sie durch den Terror des Schwertes bekehren sondern daß er bewaffnet mit starken und zwingenden Argumenten seine Widersacher besiege und die Überlegenheit des Islam beweise.

Die größte Schlacht, die er zu schlagen habe, erklärte Ahmad oft, sei, die Christen von dem tragischen Irrtum zu befreien, Jesus sei Gott oder Teil von Gott. Jesus war ein sterblicher Mensch gewesen und ein Prophet, ebenso wie Mose, Elija und Johannes der Täufer sterbliche Menschen und Propheten gewesen waren. Jesus selbst habe sich niemals für etwas anderes gehalten als einen Propheten. Noch hätten dies seine Jünger.

Viele der originalen Bücher der Bibel sagten nur, daß Jesus ein Prophet war, erklärte Ahmad, doch diese seien von Kirchenvätern unterdrückt worden, als sie in verschiedenen Beratungen beschlossen, welche Apostelgeschichte in die Bibel aufgenommen werden sollte und welche nicht. Dieses »Redigieren« der Bibel durch religiöse Konferenzen sei einer der Hauptunterschiede zwischen der Bibel und dem Qur-ân, sagte Ahmad. Die Bibel war das Werk vieler Menschen in mehr als 100 Jahren, das durch Kirchenkonferenzen in den folgenden Jahrhunderten geformt und geändert worden war.

Der Qur-ân dagegen sei das offenbarte Wort Gottes.

Erst lange Zeit nach dem Tode Jesu, sagte Ahmad, hätten die Christen begonnen, Worte zu benutzen, die andeuteten, daß Jesus selbst Gott sei, als Teil der Trinität. Einen gewöhnlichen Sterblichen anzubeten, auch wenn er ein Prophet war, sei eine schmerzliche Sünde, sagte Ahmad. Nur Gott kann angebetet werden. Gott sei Einzig und Einer. Niemand könne Gott zugesellt werden.

Die Aussage jedoch, daß Jesus tot sei, war nicht genug. Ahmad suchte Einsicht durch Gott, was sich wirklich bei der Kreuzigung ereignet hatte. Nach eingehendem Studium erklärte Ahmad 1898, acht Jahre später, daß Jesus, obwohl er tatsächlich gekreuzigt worden war, nicht am Kreuz gestorben war. Er sei ohnmächtig geworden wegen des unerträglichen Schmerzes, den er durch die durchbohrten Hände und Füße erlitt.

Die römischen Soldaten hielten ihn für tot, was unwahrscheinlich war, da er nur wenige Stunden am Kreuz gewesen war und viele Gekreuzigte noch tagelang am Leben blieben. Selbst dann hätten sie normalerweise ›crurifragium‹ (Beine brechen) angewendet, um sicher zu sein, daß er tot ist. Dies bedeutete, des Gekreuzigten Beine zu brechen, so daß er seine Füße nicht länger mehr auf einem kleinen unteren Holzstück abstützen konnte. Er hing dann mit seinem ganzen Gewicht an seinen Händen, der Schmerz wurde unerträglich und er wurde bewußtlos und der Tod trat schnell durch Herzversagen ein.

Jesu Jünger hatten jedoch dafür gesorgt, daß Jesus nicht so behandelt wurde, sagte Ahmad. Stattdessen wurde seine Seite mit einer Lanze angestochen und Blut und Wasser flossen heraus. Dies allein war ein Zeichen, daß sein Herz noch arbeitete und das Blut in seinem Körper zirkulierte. Als er in die große, luftige Grabkammer gebracht war — nachdem sein Körper mit belebenden Kräutern und Salben eingerieben worden war —, erholte er sich allmählich.

Im Laufe der Jahrhunderte hatten viele Leute die Vermutung angestellt, daß Jesus lebendig war, als er vom Kreuz genommen wurde und die Tatsache, daß er für einen Gartenarbeiter gehalten worden war, so kommentiert, daß er so mitgenommen aussah, daß Thomas nicht überzeugt war, daß es wirklich Jesus war, bis er seine Finger in die durch die Nägel verursachten Wunden gelegt hatte. Ärzte haben diskutiert, ob das aus seinem Körper strömende Blut und Wasser aus riesigen Blasen stammte, die die Folge früherer Mißhandlungen waren, während neuere medizinische Erkenntnisse es ihnen erlaubten, die exakte medizinische Verfassung, die sich durch eine Kreuzigung ergibt, zu diskutieren.

In einem Punkt jedoch sind sich die Ärzte vollkommen einig. Es ist ohne Zweifel medizinisch möglich, daß Jesus die Kreuzigung überlebte und sich in den folgenden drei Tagen ausreichend erholt hat, um seine Jünger zu treffen und mit ihnen zu sprechen.

Gott hatte ihm offenbart, sagte Ahmad, daß Jesus nicht nur die Kreuzigung überlebte, sondern auch, wohin er ging, nachdem er für seine Jünger verschwunden war, wann er endlich starb und, das Wichtigste von allem, wo er begraben war.

Jesus hatte stets betont, daß er nur als ein Prophet für die Völker Israels und nicht als Prophet für die ganze Menschheit gesandt worden war. So hat er Berichten zufolge gesagt (Matthäus 15, 24): »Niemandem bin ich gesandt als den Kindern des Hauses Israel.« und: »Und noch andere Schafe habe ich, die nicht von dieser Herde sind... Sie werden auf meine Stimme hören.« (Johannes 10, 16)

In der großen Diaspora, etwa 700 Jahre vor der Geburt Jesu, waren die zehn Stämme Israels verstreut worden. Nicht alle waren zurückgekehrt. Diese verlorenen Stämme seien es, auf die Jesus sich bezog, sagte Ahmad. Er konnte nicht länger in Palästina bleiben, weil er sofort wieder gefangengenommen worden wäre, hätte er sich zu erkennen gegeben. Aber er mag schon 12 Monate nach seiner vermeintlichen Kreuzigung dagewesen sein, als Saul, der spätere Paul, bekehrt wurde. Tatsächlich haben einige Leute den Schluß gezogen, Paulus' Bekehrung sei auf eine persönliche Begegnung mit Jesus zurückzuführen und es sei danach gewesen, daß Jesus sich auf seine Reise machte, die verlorenen Stämme Israels zu finden.

Ahmad war überzeugt, daß Paulus wußte, daß Jesus das Land verlassen hatte und dann, vielleicht versehentlich, seine Anweisungen falsch interpretierte. Es sei Paulus gewesen, der die Gottheit von Jesus aufbrachte und so, sagte Ahmad, Polytheismus einführte.

Jesus und einige Jünger, sagte Ahmad, erreichten die Stadt Nasibain, die ca. 720 km von Jerusalem entfernt ist. Anschließend sei er durch Persien nach Afghanistan gegangen, besuchte Tibet und einige Teile Indiens, bevor er schließlich in

Kaschmir ankam und sich dort niederließ. Jesus wurde der Masih genannt, was arabisch Reisender bedeutet, und war als der Oberste der Reisenden bekannt, weil er so viel gereist war, sagt ein muslimischer Schriftsteller. Auch im Kansul-Ummal, einer Sammlung von Aussprüchen Mohammads, wird berichtet, daß Gott Jesus eine Warnung in Form folgender Offenbarung gesandt habe: »O Jesus, wandere von einem Ort zum anderen, auf daß du nicht erkannt und verfolgt werden wirst.«

In Kaschmir wurde Jesus als ein großer Prophet unter dem Namen Yus Asaph verehrt. Das Wort ›Yus‹ ist eine andere Form des Namens ›Yuyu‹, was in altpersischer Sprache Jesus bedeutet. ›Asaph‹ ist ein biblischer Name und heißt »Einsammler« oder »Versammler«. Jesu Auftrag, seinen eigenen Worten zufolge, war, die verlorenen Stämme Israels zu versammeln.

Vieles läßt darauf schließen, daß wenigstens einer der israelischen Stämme im Punjab und in Afghanistan erschien. Es läßt sich ein starker semitischer Einfluß in dieser Gegend verzeichnen. Viele Worte und Namen von Dörfern und Städten sind biblischen Namen gleich. Viele Reisende wunderten sich über die semitische Erscheinung der Männer und Frauen, und, vielleicht am wichtigsten von allem, die Völker Afghanistans und anderer Gegenden zwischen dem Iran und Kaschmir nennen sich Bani Israel — die Söhne Israels.

Ahmad sagte, daß Jesus in Kaschmir lebte, einem Land, das von vielen Schriftstellern im Laufe der Jahrhunderte als ein Paradies auf Erden bezeichnet wurde: schneebedeckte Berge, sprudelnde Wasserfälle und Obstbäume aller Art in den Tälern. Dort starb er, wie der Qur-ân berichtet. Er wurde in einem Grab, das heute an der Straße liegt, die als Khan Yar bekannt ist, in der Stadt Srinagar beigesetzt.

Neuere Untersuchungen haben ergeben, daß in den Boden der Grabstätte ein Umriß von Füßen modelliert ist, die in der

Mitte wie von Nägeln durchlöchert erscheinen, und daß in der näheren Umgebung zahlreiche kruzifix-ähnliche Einkerbungen zu finden sind. Es gibt noch andere mögliche Spuren von Jesus: In Nordwest-Indien wurde in einem Ort namens Taxila eine aramäische Inschrift gefunden, deren Text lautet: »Lieber ausländischer Zimmermann, frommer Ergebener des Sohnes Gottes, erbaute diesen Palast aus Zedern und Elfenbein für den König.«

Im Jahre 115 A.D., also weniger als 100 Jahre nach dem vermeintlichen Tode Jesu, schrieb ein Historiker namens Sutta ein Buch in Sanskrit, das den Titel Bhavisya-ma-purana trägt und von einem König berichtet, der in den Jahren 39—50 A.D. über die Täler von Kaschmir herrschte. Eines Tages traf er auf seinem Ausritt einen Fremden, der in weiße Gewänder gehüllt war. Der König fragte ihn nach seinem Namen, worauf der Fremde antwortete: »Ich bin bekannt als der Sohn Gottes und wurde von einer Jungfrau geboren.«

Der Fremde erzählte, daß er viele Leiden habe erdulden müssen, weil er das Wort Gottes predigte. Der König fragte ihn, welche Religion er predigte. Es folgt eine Übersetzung der Antwort des Fremden. Vorher sei erwähnt, daß Mleechas ein anderes Wort für Ausländer ist.

Als die Wahrheit geschwunden war
Und alle Grenzen des Anstands überschritten
Im Land der Mleechas,
Erschien ich als Isha Masih.
Zum Messias wurde ich auserkoren
Im Land der Mleechas.
Und so endet seine Antwort:
Ein perfektes, reines und glückseliges Bild Gottes
Ist in mein Herz getreten;
So ist mein Name festgesetzt
Und verkündet als Isha-Masih.
Ahmads Offenbarung über die Reisen und den Tod Jesu in

Indien sollte seine Anhänger in ihrem Glauben bestärken. Aber sie verbündeten andere Muslime und Christen miteinander gegen ihn.

Ein Feind Gottes

Ahmad erklärte, sowohl die Bibel als auch der Qur-ân unterstützten seine Offenbarung, daß Jesus nicht wieder auf die Erde kommen, sondern daß jemand in seinem Geiste erscheinen würde.

»Von jetzt ab sollt ihr mich nicht mehr sehen, bis ihr sagen werdet: ›Gesegnet sei, wer im Namen Gottes erscheint!‹« (Matthäus 23, 39), hieße eindeutig, sagte Ahmad, daß Jesus nicht selbst wieder erscheinen, sondern eine andere Person in seinem Namen erscheinen würde.

Und Abu Huraira, einer der Begleiter Mohammads, berichtete, daß Mohammad ihnen gesagt habe, »Es ist durchaus möglich, daß einer von euch noch Jesus, dem Sohn der Maria, begegnen wird, der der Mahdi ist und ein gerechter Richter.«

Dies bedeutete eindeutig, sagte Ahmad, daß die Person, die dereinst in der Rolle Jesu auf die Erde kommen würde, auch der Mahdi sein würde.

Wenn Jesus wirklich käme, würde er »das Kreuz brechen und das Schwein töten«. Dies hieße nicht notwendigerweise, wurde argumentiert, daß Christen getötet werden würden. Es war ein Ausdruck, der bedeutet, daß die Irrtümer bezüglich der Kreuzigung durch Vernunft und Argumente widerlegt werden würden. Mit gleicherweise friedlichen Mitteln würde er die Welt von der Habsucht befreien — der Sünde des »Schweines«.

Mohammad hatte hinzugefügt, daß der Prophet, der im Geiste Jesu wiederkommen würde, »aus euren Reihen« käme. Dies war ein klares Zeichen, sagt Ahmad, daß der Verheißene Messias weder vom Himmel herabsteigen würde, wie die Christen glaubten, noch physisch derselbe Sohn der Maria sein werde, der vor 19 Jahrhunderten gelebt hatte, wie viele Muslime glaubten.

Der der Welt versprochene Messias würde daher im Geiste Jesu kommen, sagte Ahmad, und er würde aus den Reihen der Muslime kommen.

Muslime waren Ahmads erste Zuhörer und es waren daher ihre Reihen, aus denen die heftigsten Widerrufungen seiner Offenbarung, er sei der Verheißene Messias, kamen. Er sei ein Ketzer, außerhalb der Bereiche des Islam und ein Feind des Glaubens, sagten die muslimischen Gelehrten.

Nicht alle diese Angriffe hatten jedoch den gewünschten Effekt. Ein Mann namens Mian Nizam Din hörte einen Geistlichen behaupten, Ahmad habe sich Lepra zugezogen — wegen seiner Beleidigungen Mohammads. Er beschloß, Qadian zu besuchen, um sich hiervon zu überzeugen und fand Ahmad gesund und munter vor. Mian Nizam Din wurde einer von Ahmads 313 ersten Anhängern.

Als Antwort auf die Angriffe — und die ersten waren aus dem Munde seines alten Schulfreundes Muhammad Hussain gekommen — gab Ahmad am 26. März 1891 von Ludhiana aus eine Erklärung ab. Sie besagte: »Seid gewiß, daß Jesus, der Sohn der Maria, tot ist und seine Seele mit der Seele Johannes des Täufers im zweiten Himmel ruht. Der Messias dieses Zeitalters, dessen Ankunft im spirituellen Sinne in den authentischen Überlieferungen prophezeit wurde, bin ich. Dies ist das Tun Gottes.«

Muhammad Hussain sagte später, seine Lobschriften hätten die Aufmerksamkeit der islamischen Welt auf Ahmad gelenkt. Es sei sein Verdienst, daß über Ahmad als einem möglichen Heiligen und Empfänger göttlichen Willens gesprochen wurde.

Mehrere Versuche wurden unternommen, eine Debatte zwischen Ahmad und Muhammad Hussain zu arrangieren, und schließlich wurde der Beginn für den 20. Juli 1891 in einem Haus eines muslimischen Gelehrten festgesetzt. Die Diskussion sollte 12 Tage dauern und mit unterzeichneten Schriftstücken geführt werden, die von Ahmad und Mohammad Hussain geschrieben und dann, ausgetauscht, den Zuhörern vorgelesen werden sollten.

Es gab viele Diskussionen über einführende Angelegenheiten, bevor die Debatte begann. Ahmad verfertigte schließlich eine Erklärung, die Lehrsätze abgrenzend, die er verfocht und jene, die ihm fälschlicherweise zugeschrieben worden waren.

»Sei es klar, daß das einzige Thema, das zur Debatte steht, der Glaube ist, daß Jesus sich körperlich lebendig im Himmel befindet. Ich glaube dies nicht. Nichts im Qur-ân oder in den authentischen Überlieferungen stützt diese These. Alle anderen Beschuldigungen sind völlig falsch und unbegründet. Meine Glaubenssätze sind vollkommen identisch mit denen der orthodoxen Gemeinde ... kurzum, alle anderen gegen mich erhobenen Einwände — ausgenommen mein Anspruch, den Tod Jesu zu beweisen und der Verheißene Messias zu sein — sind falsch, absurd und basieren auf Mißverständnissen.«

Zum Schluß der Debatte stellte Ahmad eine Herausforderung auf: »Diejenigen, die auf mich als Betrüger herabsehen und sich selbst für rechtschaffene und fromme Seelen halten, mögen wissen, daß ich bereit bin, meinen Standpunkt dem Qur-ân-vers entsprechend gegen sie zu verteidigen: »Verrichte dein Werk gemäß deinen Fähigkeiten, auch Ich werde mein Werk verrichten.

Laßt uns zu diesem Zweck 40 Tage festsetzen, um auf einen göttlichen Hinweis zu warten, und derjenige, der rechtschaffen aus dieser Angelegenheit hervorgeht und durch Seine Hilfe in der Lage ist, einige göttliche Geheimnisse zu offenbaren, soll als wahrhaft anerkannt werden.

Hört mich an, alle, die ihr hier anwesend seid, daß ich

einen höchst feierlichen Eid schwöre, daß ich, wenn Muhammad Hussain, indem er sich Gott zuwendet, göttliche Zeichen zeigen oder irgendwelche göttliche Geheimnisse offenbaren kann, wie ich es tue, bereit sein werde, mich töten zu lassen.

Ein Warner kam in die Welt und die Welt erkannte ihn nicht an. Gott aber wird ihn anerkennen und wird seine Wahrheit mit gewaltigen Zeichen aufbauen.«

Ca. 300 bis zu 500 Menschen hatten den Debatten jeden Tag beigewohnt, einschließlich der Herausgeber zweier Tageszeitungen. Es gab so viel Geschrei und Spötterei, daß oft kaum etwas gehört werden konnte, wenn die Reden vorgelesen wurden. Einige der Zuschauer hatten in ihrer Kleidung Steine versteckt, die auf die Rednerbühne, wo die beiden Männer arbeiteten, rasselten. Die meisten waren offensichtlich für Ahmad bestimmt.

Am letzten Tag hatte sich vor dem Haus, in dem die Debatte stattfand, eine riesige Menge von Menschen versammelt, viele von ihnen Messer und Stöcke schwingend. Der zuständige Richter befürchtete einen Aufruhr und ordnete an, das Treffen zu beenden. Man hatte einen Wagen für Ahmad und seine Helfer bestellt, aber die Fahrer waren zu furchtsam, um in der Menschenmenge voranzukommen. Ahmad war also gezwungen, mitten in der Menschenmenge zu warten, die jede Minute bedrohlicher zu werden schien. Schließlich erschien der Oberaufseher der Polizei mit starkem Polizeiaufgebot und öffnete einen Weg durch die Menge für ihn.

Selbst in dem Haus, in dem Ahmad untergebracht war, war er nicht sicher. Der Pöbel umzingelte das Haus und versuchte, die Türen einzuschlagen. Sie wurden zurückgetrieben. Dann versuchten sie erneut, das Haus zu stürmen, dieses Mal, indem sie die Bewacher, die vor Türen und Fenstern aufgestellt waren, ablenkten, während andere mit

Hilfe von Leitern auf das flache Dach kletterten. Einigen gelang es, in das Haus einzudringen, sie wurden aber nach einem heftigen Kampf wieder vertrieben.

Muhammad Hussain war der Hauptsprecher des Mobs und wurde schließlich von dem Kreisrichter der Stadt verwiesen.

Die Nachricht von Ahmads Anspruch, der Verheißene Messias zu sein, und das Aufsehen während dieser 12tägigen Debatte hatten ihn im ganzen Punjab und in umliegenden Provinzen bekannt gemacht. Seine Anhängerschaft war noch klein, doch der Vorwärtsmarsch hatte begonnen. Und die Beschimpfungen intensivierten sich.

Wenig später blieb es nicht mehr bei bloßen Beschimpfungen. Die muslimischen Geistlichen erließen Dekrete, die feststellten, daß Ahmad und seine Anhänger nicht länger mehr als Muslime bezeichnet werden könnten. Sie erklärten, daß es von nun an ungesetzlich sei, Ahmad oder irgendeinen seiner Anhänger zu grüßen, oder irgendwelchen Kontakt mit ihnen zu haben. Ehen zwischen Anhängern Ahmads und anderen Muslimen waren jetzt ebenso verboten wie die Beerdigung seiner Anhänger auf muslimischen Friedhöfen.

In einem Dekret wurde erklärt: »Mirza von Qadian ist einer der Antichristen, die in den Aussprüchen des Heiligen Propheten vorhergesagt worden waren. Muslime sollten solche lügenden Heuchler meiden und sollten nicht mit ihnen über religiöse Angelegenheiten verhandeln ... noch sollten sie seine Gesellschaft suchen, noch sollten sie ihm in seinen Gebeten folgen, noch seinem Begräbnisgebet folgen ... Er und Leute seinesgleichen sind Diebe des Glaubens, Lügner und verfluchte Satane ... An der Ketzerei dieses lügnerischen Qadiani besteht kein Zweifel ... Er ist ein Ungläubiger ... Er ist das bösartigste aller Geschöpfe ... Er ist ein Feind Gottes ... und Gott ist sein Feind ... wer immer dem Qadiani Glauben schenkt, wird ebenfalls von Gott verworfen werden... «

Ein anderes von Muslimen erlassenes Dekret erklärte, daß Heiraten von Frauen mit Ahmads Anhängern aufgelöst seien. »Jeder der es wünscht, kann sie heiraten«, besagt es.

Kapitel 13

Eine christliche Konfrontation

Die Beschuldigung, daß er ein Feind Gottes und Seiner Propheten sei, schmerzte Ahmad am meisten. Er schrieb: »Sie nennen mich einen Ketzer, einen Satan und Neuerer. Dies sind seltsame Namen, die ich verdient habe, weil ich zum Wohl des Islams mich gräme. Mein geliebter Ahmad.* Bei deinem Antlitz schwöre ich, allein für deine Sache habe ich diese Bürde auf mich genommen.«

Er antwortete auf die anderen Beschuldigungen, ausführlich von Qur-ân-Zitaten, Zitaten aus den Aussprüchen Mohammads, der Bibel und anderen anerkannten Quellen Gebrauch machend, um seinen Anspruch zu stützen. Und er reiste jetzt in größere Städte wie Delhi und Lahore, um den Menschen die Botschaft von seinem Prophetentum zu bringen.

Gott gewährte ihm durch weitere Offenbarungen wiederholte Versicherungen Seiner Unterstützung, erklärte Ahmad. Eine war: »Du wirst als ein Besiegter erscheinen, du wirst am Ende triumphieren und der letzte Sieg wird dein sein ... Gott will deine Einmaligkeit bekannt werden lassen, deine Größe und deine Perfektion ... Gott wird dein Antlitz enthüllen und deinen Schatten verlängern ... Ich werde dich bis an alle Ecken der Welt rühmen, und werde deinen Namen erhöhen und werde die Menschheit veranlassen, dich zu lieben.«

Ahmad erhielt auch die Offenbarung, daß zu seinen Aufgaben die Bekehrung des Westens zählte. »Das Aufgehen der Sonne im Westen bedeutet, daß die westlichen Länder, die sich über Jahrhunderte hinweg im Dunkel des Unglaubens und der Irrtümer befanden, von der Sonne der Rechtschaffen-

---

* = ein anderer Name Mohammads.

heit erleuchtet und an den Segnungen des Islam teilhaben werden.«

In weniger als einem Jahrzehnt sollte Ahmad mit der Bekehrung des Westens begonnen haben. Die Konfrontation mit den Christen hatte jedoch schon begonnen. Die »Church Missionary Society« (CSM) der Englischen Kirche hatte eine Niederlassung in Indien schon 1799 errichtet. Ihr folgten andere und verschiedenartige missionarische Organisationen, eingeschlossen die Schottische Kirche, die Vereinigte Amerikanische Presbyterische Kirche, Englische Baptisten, Amerikanische Methodisten und die Vereinigten Brüder von Deutschland.

1851 waren 19 verschiedene Organisationen in Indien missionarisch tätig und um 1890 war ihre Zahl auf 73 Missionsgesellschaften angewachsen, nicht einberechnet eine beachtliche Anzahl von Missionaren, die keiner Gesellschaft angehören. 1851 gab es Berechnungen zufolge etwa 91 000 indische Christen. Nur 30 Jahre später, 1881, hatte sich ihre Anzahl mehr als vervierzigfacht — auf 41 711 372.

1882 errichtete der Rev. Dr. Henry Martyn Clark eine Niederlassung der CMS-ärztlichen Mission im Dorf Jandiyale im Distrikt Amritsar. Bereits seit 1854 waren dort Missionare tätig gewesen, die jedoch nur teilweisen Erfolg erzielt hatten. Anfangs stießen sie auf wenig Widerstand, da die Missionare lediglich die Liebe Gottes predigten. Dann veränderte sich der Inhalt ihrer Botschaften und sie sprachen von den Irrlehren des Islams und seinen Torheiten. Ab ca. 1890 schwiegen die Dorfbewohner nicht länger, als die Missionare begannen, die Gültigkeit des Islams in Frage zu stellen. Sie erhoben Einwände und stellten Fragen. Das ehemals herzliche Verhältnis brach zusammen. Gemüter und Fäuste erhoben sich.

Dr. Martyn Clark, der nach seinen ersten Weihen als Arzt ausgebildet worden war, beschloß, die beste Art, das Christentum zu verbreiten, sei, eine öffentliche Debatte abzuhalten. Man kann mit gutem Gewissen behaupten, daß seine Absicht darin bestand, das begrenzte Wissen der Dorfbewohner über den Islam ans Licht zu bringen und gleichzeitig die Vorteile des Christentums hervorzuheben.

Er unterbreitete daher den Dorfältesten den Vorschlag einer Debatte. Sie reichten seinen Brief an Ahmad weiter, der zusagte.

Dr. Martyn Clark wollte keine Debatte mit Ahmad. Er ließ sofort bei der Amerikanischen Missions-Presse in Ludhiana ein Flugblatt drucken, das im ganzen Dorf verteilt wurde. Es erschien auch als Anzeige in der lokalen Tageszeitung. Ahmad wurde nicht als Muslim angesehen, wie könne er den Islam repräsentieren, sagte Dr. Clark. Er bezog sich auf Argumente und Aussagen Muhammad Hussains. Die Dorfältesten blieben jedoch bei ihrer Entscheidung — sie wollten, daß Ahmad sie vertrete. Eine Abordnung traf Dr. Clark in Amritsar. Jandiyale sei ein kleines Dorf, stellten sie fest. Es gäbe niemanden dort, der ausreichend gebildet war, um für sie zu handeln. Sie wollten Ahmad.

Dr. Clark räumte diesen Punkt ein. Es wurde abgemacht, daß die Debatte in zwei Abschnitte von jeweils sechs Tagen unterteilt werden sollte. Sie würden um sechs Uhr morgens beginnen — um die morgendliche Kühle auszunutzen — und um 11 Uhr mittags enden. Nur je 20 Christen und 20 Muslime würden zugelassen werden, es mußte streng an den vorgegebenen Themen festgehalten werden.

Diese Debatte wurde von den Christen als der Heilige Krieg bezeichnet, und als ein anderer Missionar, der Rev. Robert Clark, einige Jahre später seine Memoiren unter dem Titel »Die Missionen der CMS im Punjab und Sindh« schrieb, nannte er sie »den großen Streit«.

Die in den ersten sechs Tagen zu behandelnden Dinge waren: Jede Religion solle ihre Wahrheit durch lebendige Zeichen beweisen und zweitens, die gesamte Frage der Göttlichkeit Jesu. Das erste Thema wurde widerwillig von den Christen akzeptiert, die erklärten, daß neue Wunder nicht nötig seien, um die Wahrhaftigkeit des Christentums zu beweisen. Wenn aber Ahmad irgendwelche Wunder dartun könne, sagten sie, würden sie dies gern bezeugen und sofort seine Anhänger werden.

Ahmad legte als fundamentale Bedingung für die Debatte fest, daß der Vertreter einer Religion seine Behauptungen mit Beweisen von den anerkannten Schriften der Religion belegen müsse.

Er wies auf den Qur-ân-vers hin, der die Göttlichkeit Jesu widerlegt, mit einem Appell an menschliche Erfahrung und induktive Wahrheit. Alle Propheten Gottes — eingeschlossen die des Alten Testaments — seien menschlich gewesen, erklärte er. Solange nicht bewiesen werden könne, daß sich tatsächlich ein Vorfall ereignet habe, der menschlicher Erfahrung widerspräche, könnte die simple Behauptung von Jesu Göttlichkeit nicht als wahr anerkannt werden.

Sein Gegner, Mr. Abdullah Athim, behauptete, Verstand und Erfahrung können nicht allein als Führung im Glauben gelten. Der Mensch könne die Trinitätslehre nicht verstehen, erklärte er, aber Jesus war in der Bibel Sohn Gottes genannt worden.

Dies war für Ahmad Anlaß ernsthafter Debatte aus dem Weg zu gehen.

Am Anfang der Debatte sagten die Christen, Jesus habe die Blinden und Lahmen heilen können. Wenn Ahmad wahrhaftig der Verheißene Messias sei, dann könne er sicher dasselbe tun. Am letzten Tage brachten die Christen dies noch einmal zur Sprache. Beweise uns jetzt, daß du wirklich der Verheißene Messias und wie Jesus bist, sagten sie.

In diesem Moment wurden drei Männer in den Raum geführt. Einer war blind, der zweite lahm und der dritte war taub.

Stille fiel über den Raum. Ahmad zögerte nicht. Es waren die christlichen Schriften, die berichteten, daß Jesus Blinde wieder sehendmachte, Taube hörend und Lahme wieder gehend. Er selbst glaubte nicht daran. Aber er war sicher, daß alle Christen unter den Zuhörern fest daran glaubten. Er war auch sicher, daß sie alle in der Bibel gelesen hatten, was Jesus geantwortet haben soll, als seine Jünger ihn darum befragten. Hatte er ihnen nicht gesagt, daß wenn sie Glauben von der Größe eines Senfkornes besäßen, sie auch die Blinden sehend und die Tauben sprechend machen könnten, nur dadurch, daß sie ihnen die Hand auflegten.

Jetzt hatten sie Gelegenheit, ihren Glauben zu beweisen. Wenn es ihnen gelänge, würde er sofort die Wahrhaftigkeit des Christentums anerkennen. Die Christen, die über die gescheite Falle gelacht hatten, die sie Ahmad bereitet zu haben dachten, verstummten.

Die drei Männer wurden schnell aus dem Raum gedrängt.

Am Ende der Debatte wies Ahmad darauf hin, daß Mr. Athim in seinem Buch »Die tiefere Bedeutung der Bibel« behauptet habe, Mohammad sei ein Antichrist. Gott habe ihm die Offenbarung gegeben, daß die Person in der Debatte, die bewußt Unwahrheiten verbreite, binnen 15 Monaten in die Hölle geworfen werde.

Als Athim diese Vorhersage hörte, wurde er aschfahl und in der orientalischen Ausdrucksform absoluter Verneinung, berührte er seine beiden Ohren, streckte seine Zunge heraus und schüttelte seinen Kopf: »Ich bereue, ich bereue. Ich hatte nicht die Absicht, respektlos zu sein«, erklärte er.

Es bestand kein Zweifel darüber, wer die Debatte gewonnen hatte. Ein amerikanischer Missionar, der über die Diskussion in einer Zeitung berichtete, sagte, daß die Antworten des christlichen Sprechers unzulänglich gewesen seien.

Eine Anzahl von Leuten sollte regelmäßig in Ahmads Leben auftauchen. Der erste war Muhammad Hussain, der zweite Lekh Ram von der Arya-Samaj Hindu-Sekte. Der dritte sollte Dr. Martyn Clark sein. Er sollte Ahmad noch einmal begegnen. Dr. Clark, der christliche Missionar und Muhammad Hussain, der muslimische Heilige, sollten seltsame Verbündete sein.

Kapitel 14

Gute Nachrichten für Wahrheitssuchende

Die Leidenschaften, die durch die Offenbarung, daß Jesus nicht am Kreuz gestorben sei, aufgewühlt waren, beunruhigten Ahmad sehr. Er war im Geiste und der Demut Jesu als der Reformer des Jahrhunderts erschienen. Seine Mission war die geistige Wiedergeburt der Menschen. Seine Botschaft war Frieden. Er hatte keinerlei Verlangen, irgendeine andere Religion anzugreifen, aber das hieß nicht, daß religiöse Diskussionen erstickt werden sollten. Es mußte Debatten geben, aber das genehmigte nicht gemeine Angriffe auf die Heiligen und Märtyrer anderer Religionen.

Ahmad machte deshalb den öffentlichen Vorschlag, gewisse Grenzen, in denen Diskussionen und Debatten geführt werden sollten, zu setzen. Diese Grenzen waren:

Die Vertreter der Religionen sollten andere Religionen nicht durch Unterstellungen verunglimpfen.

Zweitens sollten sich die Streitgespräche auf die öffentlich anerkannten und akzeptierten heiligen Schriften jeder Religion beschränken.

Etwa 5000 Leute unterschrieben ein Memorandum, das nachdrücklich betonte, daß religiöse Diskussionen auf diese Art und Weise geführt werden sollten, doch andere religiöse Führer nahmen sein Gesuch nicht auf.

Ahmads Wunsch, vernünftige religiöse Debatten im Gegensatz zu Schimpfreden abzuhalten, wurde hervorgerufen durch die Zunahme der Attacken auf den Charakter und das Leben Mohammads von Seiten der Christen und Hindus. Einige der bösartigsten Attacken kamen von erst kürzlich bekehrten Christen, die ihren Standpunkt dadurch zu verteidigen suchten, daß sie den Glauben anderer verunglimpften. Nach einem solchen Angriff durch einen christlichen Missionar brachte Ahmad einen 80 seitigen Widerruf heraus.

»Wir müssen klarstellen, daß wir von Jesus die höchste Meinung haben und daß wir im Herzen davon überzeugt sind, daß er ein echter und geliebter Prophet Gottes war ... Von den Hunderten derjenigen, die das Gesetz des Mose achteten, war er einer. Wir zollen ihm in jeder Hinsicht Respekt, gerade wie es ihm gebührt.«

Die Christen aber, sagte Ahmad, haben uns Jesus als jemanden dargestellt, der behauptete, er sei Gott und daß alle Menschen außer ihm verflucht seien. Sie waren vieler Missetaten schuldig und verdienten somit Gottes Fluch.

»Solch ein anmaßender, übelredender Jesus« existiere im Qur-ʾan nicht, sagte Ahmad. Wenn er also Jesus kritisiere, dann war es der »imaginäre Jesus der Christen ... nicht der bescheidene Diener Gottes, Isa, Sohn der Maria«, den die Muslime aus dem Qur-ân kennen.

Ahmad verfolgte weiterhin seine Anregung, daß die Vertreter der Religionen ihre Ausdrucksweise mäßigen sollten, indem er vorschlug, eine Konferenz abzuhalten, an der die Vertreter aller Religionen teilnehmen könnten. Auf diese Weise konnten die Leute sich ein informiertes Urteil bilden. Diese Konferenz sollte 30 Tage dauern; die Reihenfolge der Sprecher würde dem Alter der Religionen entsprechend festgelegt werden, d.h. der erste Tag würde demjenigen zur Verfügung stehen, der behauptete, seine Religion sei die Älteste. Ihm würde der Vertreter der zweitältesten Religion folgen, usw.

Der Zweck dieser Konferenz, sagte Ahmad, war die Diskussion über den Grund für den Glauben an Gott unter spezieller Bezugnahme auf die Gründe, die den jeweiligen heiligen Schriften des Sprechers entnommen waren, und die

Notwendigkeit der Religion im allgemeinen und des Glaubens in der Religion des Sprechers im besonderen für die Erlangung des Heils.

Auf der Ebene seiner früheren Erklärung zur Mäßigung machte Ahmad zur Bedingung: »Jeder Sprecher wird gebeten, in seiner Rede keinerlei Bezug oder Anspielungen auf irgendeine andere Religion zu machen, sondern eine Darstellung zu geben von den Schönheiten seiner eigenen Religion und der Vortrefflichkeit ihrer Grundsätze.

»Die Sprecher sollen volle Freiheit im Anführen von Argumenten zur Unterstützung ihrer Behauptungen haben, aber andere Religionen anzugreifen oder abfällige Bemerkungen über andere Religionen zu machen, muß auf das Strikteste vermieden werden.«

Ahmad wollte mehr als nur Vorträge von Übersetzungen aus den Heiligen Schriften jeder Religion. »Die Argumente jedes Sprechers müssen sich ausschließlich auf die Worte der Heiligen Schrift stützen. Er muß im Original mit allen Einzelheiten zitieren. Zum Beispiel soll ein muslimischer Sprecher die Verse aus dem Qur-ân rezitieren und sich nicht auf die Übersetzung verlassen. Ebenso soll ein Christ oder ein Arya-Hindu-Theologe aus der Bibel oder den Veden im Original zitieren und dann Übersetzungen und Bezugnahmen anführen.«

Er fügte hinzu: »Nur diejenigen, die ohne Schwierigkeiten ihre religiösen Schriften im Original lesen und übersetzen können, sollen erwägen, zu dieser Konferenz zu kommen. Diejenigen, die nur ein Wissen aus zweiter Hand besitzen durch Übersetzungen, können in den Augen eines Wahrheitssuchenden nicht als zuverlässig angesehen werden.«

Er faßte die Gründe für die Konferenz mit folgenden Worten zusammen, »Ich bitte die Gelehrten aller Gemeinden, meinem Aufruf zu folgen, Wahrheit, Reinheit und Frieden in der Welt zu etablieren. Meiner Meinung nach kann dies nur durch Befolgung der Regeln einer wahren Religion geschehen. Ich hoffe, die Konferenz wird vielen Segnungen förderlich sein. Sie wird uns einen sicheren und friedlichen Ausgangspunkt zu verschiedenen Religionen bilden, deren Verfechter ihr Glaubensbekenntnis verteidigen können, indem sie der Welt dessen Schönheiten darlegen.

»Ein Zeitraum von 30 Tagen mag manch einem ziemlich lang erscheinen ... aber ich glaube, daß der Zeitraum nicht als zu lang bezeichnet werden kann. Ich hoffe, daß jene edelgesinnten Menschen, deren Seele immer nach tugendhaftem Wissen und Studium strebt, ihn mit gutem Willen erübrigen können werden. Ich appelliere an ihre ganze Menschenliebe und möchte sie überzeugen, daß Religion die einzige Quelle menschlicher Erhebung ist ... Ich bete, daß Gott meinen Mitmenschen eingeben möge, vorwärts zu kommen, mich darin zu unterstützen, Seine wahrhafte Herrlichkeit in der Welt zu errichten.«

Die Idee einer Konferenz unter Ahmads Führung war mehr, als seine Gegner tragen konnten, und seine Einladung wurde abgelehnt. Ahmad war enttäuscht, doch nicht verzagt. Der Weg, die Menschheit durch die Wiederherstellung der Wahrheit des Islams zu reten — welches die Aufgabe war, die Gott ihm anvertraut hatte —, war seiner Überzeugung nach, die Schönheiten des Islams der größtmöglichen Anzahl von Menschen darzubieten. Wenn die Idee einer Konferenz unter seiner Leitung nicht akzeptabel war, dann mochte sie unter der Führung von anderen Leuten stattfinden.

Er schnitt die Idee im Vertrauen verschiedenen möglichen Sponsoren gegenüber an, und die Idee wurde von einem Hindu-Asket namens Swami Shugan Chandra aufgenommen. Die Konferenz der Großen Religionen wurde nach Lahore für den 26., 27. und 28. Dezember 1896 einberufen. Ahmads Vorschlägen wurde gefolgt — keine Angriffe sollten auf andere Religionen gemacht werden und die Konferenz sollte durch das Vorlesen von vorbereiteten Abhandlungen

103

über fünf verschiedene Themen geführt werden. Diese waren:

Der physische, moralische und spirituelle Zustand des Menschen;

Der Zustand des Menschen nach dem Tode;

Das Ziel des Menschenlebens auf Erden und die Mittel, es zu erreichen;

Die Auswirkungen des Handelns in diesem und im nächsten Leben;

Die Wege zur Erlangung spirituellen Wissens.

Ahmad beschloß, daß er an der Konferenz nicht teilnehmen würde, um Auseinandersetzungen zu vermeiden. Stattdessen erklärte er sich bereit, verschiedene Artikel zu schreiben, die vorgelesen werden würden. Er schrieb die Abhandlungen im Laufe nur kurzer Zeit und rief dann diejenigen, die teilnehmen würden, in Qadian zusammen. Einer von ihnen war ein Rechtsanwalt namens Kamal-ud-Din. Sein Gesicht wurde länger und länger, als er den Ausführungen zuhörte.

Nachdem Ahmad geendet hatte, brachte er seine Enttäuschung zum Ausdruck. Die Ausführungen, sagte er, seien oberflächliche und unbeeindruckende Kommentare zu den fünf Punkten. Berühmte Theologen aus ganz Indien würden die Konferenz besuchen. Verleger würden Gruppen von Reportern senden und Tausende von Menschen würden erwartet. Sie würden ausgelacht werden, erklärte er, wenn dies alles sei, was sie für die Sache des Islams vorbringen könnten.

Seine Kritik verwunderte die anderen Anhänger und quälte Ahmad, denn er mußte nun offenlegen, daß Gott ihm bereits gesagt hatte, daß diese Abhandlungen mit Beifall begrüßt werden würden. Mit diesem Wissen ausgerüstet, hatte er bereits ein Plakat geschrieben, das er von Kamal-ud-Din in den Straßen von Lahore anschlagen lassen wollte.

Es war überschrieben: *Gute Nachrichten für Wahrheitssuchende* und lautete: »Die Konferenz der Großen Religionen hat auf ihrem Programm eine Schrift dieses Bescheidenen, welche die Vortrefflichkeiten und die Wunder des Qur-âns zum Inhalt hat. Diese Schrift ist nicht das Ergebnis gewöhnlichen menschlichen Bemühens, sondern ist eines der Zeichen Gottes, geschrieben mit Seiner besonderen Gnade und Hilfe. Sie stellt die Schönheiten und Wahrheiten des Heiligen Qur-âns dar und beweist, wie die Mittagssonne, daß der Heilige Qur-ân wahrhaftig Gottes Eigenes Wort ist, ein vom Herrn aller Schöpfung offenbartes Buch. Jeder, der diesem Vortrag vom Anfang bis Ende zuhört und meiner Behandlung der fünf zur Diskussion stehenden Themen Aufmerksamkeit schenkt, wird, dessen bin ich sicher, einen neuen Glauben und ein neues Licht erhalten. Ihm wird ein Kommentar über das gesamte Heilige Buch begegnen. Diese Schrift ist frei von menschlichen Schwächen, leeren Prahlereien und vergeblichen Aussagen.

Sympathie für meine Mitmenschen hat mich dazu veranlaßt, diese Vorankündigung auszufertigen. Ich lade jeden einzelnen ein, zu kommen, um Zeuge der Schönheiten des Heiligen Qur-ân zu werden, zu kommen und zu sehen, wie ungerecht unsere Kritiker sind, die Dunkelheit lieben und Licht verabscheuen.

Gott der Allwissende hat mir offenbart, daß meine Schrift sich allen anderen Schriften auf der Konferenz gegenüber als überlegen zeigen wird. Ihr Licht, ihre Wahrheit, Weisheit und Wissen werden leuchten, im Gegensatz zu den anderen Schriften ... Dies wird geschehen, weil der Allmächtige Gott beschlossen hat, daß an diesem Tag Sein Heiliges Buch sein glänzendes Antlitz enthüllen wird ... Von diesem Zustand der Vision ging ich in einen Zustand der Empfängnis von Offenbarung über und erhielt die Offenbarung: »Wahrlich, Gott ist mit dir. Wahrlich, Gott steht, wo du stehst.« Das war eine Versicherung göttlicher Hilfe in metaphorischer Sprache.

»Ich teile allen mit, daß sie kommen sollen ... Wenn sie

dies tun, wird die Zunahme ihres Verstehens und Glaubens weit über ihre Erwartung hinaus gehen.«

Kamal-ud-Din ließ sich durch Ahmads Offenbarung nicht überzeugen, und als er und seine Begleiter in Lahore angekommen waren, zögerte er, das Plakat anschlagen zu lassen.

Es wird uns lächerlich machen, sagte er zu seinen Begleitern. Sie drängten ihn, Ahmads Anweisungen zu befolgen, doch er weigerte sich bis zum letzten Augenblick. Erst spät in der Nacht am 26. Dezember, nur wenige Stunden bevor Ahmads Schrift vorgetragen werden sollte, stimmte er zu, es anschlagen zu lassen. Er wählte jedoch dafür Positionen und Plätze aus, wo es am wenigsten auffallen würde.

Der Begleiter, der auserwählt war, die Schrift zu verlesen, war Abdul Karim. Er begann um 13.30 Uhr und sollte zwei Stunden später zu Ende sein. Doch um 15.30 Uhr war Ahmads Kommentar zum ersten Thema, Der physische, moralische und spirituelle Zustand des Menschen, noch nicht beendet. Der nächste Sprecher erklärte jedoch, daß Ahmads Kommentar so wichtig sei, daß er sich freuen würde, wenn Abdul Karim mit dem Lesen fortführe. Das Publikum applaudierte.

Der Kommentar zu dem ersten Thema war auch um 16.30 Uhr, dem vorgesehenen Tagesprogrammschluß, zu Ende, und es wurde von dem Publikum vorgeschlagen, die Konferenz solle weitergehen, bis das erste Thema zu Ende sei. Die Konferenzleiter stimmten zu. Ahmads Kommentar zum ersten Thema endete schließlich um 17.30 Uhr. Da der größte Teil seiner Schrift noch nicht vorgelesen war, wurde vorgeschlagen, daß man die Konferenz um einen Tag verlängere, damit das vervollständigt werden könne.

Schätzungsweise 7000 bis 8000 Menschen besuchten die Konferenz.

Die größte Zeitung von Lahore war zu der Zeit die ›Civil and Military‹. Ihr Bericht von der Konferenz sagt: »Besonderes Interesse konzentrierte sich auf die Vorlesung der Schrift von Mirza Ghulam Ahmad von Qadian, einem Meister der Verteidigung des Islams. Eine ungeheure Versammlung aller Sekten von nah und fern hatte sich versammelt, um die Vorlesung zu hören, die ... von einem seiner fähigen Schüler vorgelesen wurde. Am 27. Dezember dauerte der Vortrag etwa 3 ½ Stunden und wurde mit hingerissener Aufmerksamkeit verfolgt, obwohl er sich bis dahin nur mit der ersten Frage befaßt hatte.«

Noch wärmeres Lob wurde ausgeteilt, als der Vortrag ins Englische übersetzt und unter dem Titel »Die Lehren des Islams« veröffentlicht wurde. Leo Graf Tolstoi, der berühmte russische Philosoph, schrieb: »Ich fand besonders gut ›Wie sich von der Sünde befreien‹ und ›Das nächste Leben‹. Die Ideen sind sehr tiefgründig und sehr wahr.«

›Theosophical Notes‹, ein hoch angesehenes religiöses Journal der Zeit, schrieb: »Die beste und attraktivste Darstellung des Glaubens Mohammads, die uns je begegnet ist.« Der ›Indian Review‹ schrieb: »... klar, umfassend und philosophisch.« Das nordamerikanische Journal ›Spiritual Journal‹ nannte ihn »das Evangelium in reinster Form«, während er in Großbritanniens Westen bis zu einem religiösen Rezensenten einer Land-Wochenzeitung vordrang, der erklärte: »Es ist offensichtlich keine gewöhnliche Person, die sich so an den Westen richtet.«

Ahmad sollte auch weiterhin in religiöse Streitgespräche verwickelt sein, doch seine Feinde vereinigten sich jetzt.

Kapitel 15

Der Zorn Gottes

Einer der vier Pfeiler, die den Anspruch, ein Gesandter Gottes zu sein, unterstützen, erklärte Ahmad, sei die Annahme von Gebeten. Dies hieße nicht, daß, wenn ein oder zwei Gebete von Gott angenommen schienen, dies ein klarer Beweis sei, daß die betreffende Person ein Gesandter Gottes sei. Gleichfalls bedeute die Nichterfüllung von einem oder mehreren Gebeten nicht, daß die Person, die die Gebete darbrachte, nicht ein Bote Gottes sei. Es ist möglich, daß die Person, für die gebetet wurde, unter unwiderruflichem göttlichen Ratschluß stand, und ihr durch kein Gebet oder demütige Bitten, von wem auch immer sie kamen, geholfen werden könne.

Was jedoch anerkannt werden könne, war die Erhörung einer großen Mehrheit der Gebete und Fürbitten. Deshalb schlug Ahmad die Einrichtung eines Komitees vor, das die Namen und die näheren Umstände von Menschen verzeichnen sollte, die durch Krankheit und Unglück schwer zu leiden hatten. Gebete könnten ihnen helfen, sagte er. Gebete könnten ihre Bürden verringern, Gebete könnten sogar manchmal Sterbende vom Rand des Todes zurückreißen. Es war jedoch keine Frage, die Toten wieder zum Leben zu erwecken, Leben und Tod waren göttlich verordnet.

Ahmad bot an, in einen Wettstreit mit Geistlichen anderer Religionen oder anderen Geistlichen aus dem Islam einzutreten, so daß sein Anspruch, Gottes Gesandter zu sein und Seine Hilfe zu empfangen, wahrhaft geprüft werden könne.

Das Komitee, sagte Ahmad, sollte innerhalb einer festgesetzten Zeit eine Liste von Leidenden zusammenzustellen. An einem bestimmten Tag würden diese Leidenden vor allen teilnehmenden Geistlichen erscheinen, so daß sie befragt werden könnten und eine Entscheidung getroffen werde, ob es richtig sei, göttliche Hilfe zu suchen. Wenn die endgültige Liste vorgebracht war, würden ihre Namen durch Los den Priestern oder Geistlichen, die für sie um Gottes Eingriff beten sollten, zugeteilt werden. So konnte ein muslimischer Geistlicher für einen Christen und ein Christ für einen Hindu beten.

Für ein Jahr lang danach würden die Teilnehmer jeden Tag für die ihnen durch Los Zugeteilten um Erleichterung ihrer Leiden beten. Wenn ein Leidender innerhalb der Zeit von 12 Monaten stürbe, so hieße das, daß Gott in Seiner Weisheit ihn aus der Mitte der Probe abberufen hatte, um zu beweisen, daß der Anspruch des Geistlichen, der für ihn gebetet hatte, falsch war.

Das Resultat der Gebete von jedem Geistlichen würde nach den Zuständen der Mehrheit der Leidenden, in deren Namen er zu Gott gebetet hatte, beurteilt werden. Ahmad betonte, daß eine große Anzahl von Leidenden benötigt würde, da anderenfalls die Resultate nicht überzeugend sein könnten. Wenn nur für zwei oder drei Personen gebetet werden würde, dann könnte das Resultat falsch sein, denn es könnte sein, daß Gott bereits eine Entscheidung über ihr Ende getroffen hatte.

Er fügte hinzu: »Ich habe vorgeschlagen, Leute in die Liste der Leidenden aufzunehmen, die von verschiedenen Arten von Elend heimgesucht werden, so daß die göttliche Gnade sich in verschiedenen Formen manifestieren kann und Leute von verschiedener Gemütsart eine richtige Einschätzung des Ergebnisses, aus verschiedenen Blickwinkeln gesehen, erlangen können.«

Wenn er in diesem Wettkampf geschlagen werden würde, sagte Ahmad, würde er erklären, daß er nicht von Gott gesandt sei und alle seine Ansprüche falsch seien. »Doch ich glaube fest, daß Gott nicht so entscheiden wird und es nicht zuläßt, daß ich vernichtet werde.« sagte er.

Keiner jedoch, weder Hindu, Christ, Sikh, Buddhist oder anderer Muslim wollte die Herausforderung annehmen. In der Tat waren die Missionare der Kirche von England nach der Debatte mit Athim angewiesen worden, sich besonders auf keinerlei öffentliche Diskussion mit Ahmad oder seinen Anhängern einzulassen.

Die Wahrheit einer Prophezeiung oder eines Wunders zu beurteilen, ist nicht leicht. Wie legt man die Kriterien fest, nach denen Erfolg oder Mißerfolg beurteilt werden können? Was ist in der Tat ein Wunder?

Ahmad selbst hatte schon zu früherem Zeitpunkt erklärt, es gäbe vier Formen von Wundern — intellektuelle, wissenschaftliche, spirituelle Segnungen und offensichtliche Einmischung in die bekannten Naturgesetze. Die ersten drei sind von viel größerer Wichtigkeit als das letztere, sagte er. Diese Beurteilung legt ein gewisses Mißtrauen gegen die vielen Wundertaten, die Jesus zugeschrieben wurden, offen und gegen die vieler Heiliger, die nicht nur Kranke heilten, sondern auch mit den Vögeln sprechen konnten, oder, wenn es sie überkam, selbst wie Vögel flogen.

Eine der ersten intellektuellen Offenbarungen, die Ahmad zuteil wurde, war: »Ich werde deine Botschaft bis an die Enden der Welt tragen.« Zu diesem Zeitpunkt war Ahmad nur ein belesener muslimischer Autodidakt, der in einem abgelegenen Dorf in Indien wohnte.

Im Jahre 1989, rund hundert Jahre später, ist die Ahmadiyya-Bewegung im Islam in aller Welt verbreitet mit Millionen von Anhängern.

Eine andere von Ahmads Prophezeiungen, Fürbitte bei Gott einzulegen für eine Person, die sich am Rande des Todes befand, spielte sich 1907 ab.

Es betraf Abdul Karim, der später einer seiner Anhänger werden sollte. Zu jener Zeit war Abdul Karim 12 Jahre alt und war aus Hyderabad, Südindien, etwa 1 600 km entfernt, nach Qadian geschickt worden, um seinen religiösen Studien nachzugehen.

In Qadian wurde er von einem tollwütigen Hund gebissen und umgehend in das Pasteur-Institut in Kasauli zur Behandlung gebracht. Er kehrte nach Qadian zurück, doch wenige Tage später zeigten sich eindeutige Tollwut-Symptome bei ihm. Man schickte ein Telegramm an den Direktor des Pasteur-Instituts, um seinen Rat einzuholen.

Die postwendende Antwort lautete: »Bedauere, nichts kann mehr für Abdul Karim getan werden.«

Als Ahmad von dieser Nachricht hörte, war er tief bestürzt und flehte Gott in aufrichtigem Gebet um die Wiederherstellung des jungen Mannes an. Innerhalb von 24 Stunden begann sich Abdul Karim's Gesundheitszustand zu verbessern. Zu gegebener Zeit war er vollständig wiederhergestellt.

Im 19. Jahrhundert war eine Genesung von der Tollwut, waren die Symptome erst einmal manifest geworden, so äußerst selten, daß dies normalerweise als unmöglich angesehen wurde. Heutzutage haben Leute, die von tollwütigen Hunden gebissen werden, bei sofortiger Einweisung ins Krankenhaus und unter Anwendung der neuesten Drogen eine Chance zu überleben, sagen medizinische Fachleute. Weiter wollen sie jedoch nicht gehen.

Das Telegramm des Pasteur-Instituts wird noch in den Archiven der Ahmadiyya-Bewegung aufbewahrt.

Ahmad sollte eine Anzahl von Prophezeiungen bezüglich weltlichen Geschehens machen. Eine war eine allgemeine Vorhersage, die Situation der Welt betreffend, wenn Blut in Strömen fließen und Terror sich verbreiten würde und die Katastrophen so groß sein würden, daß selbst Vögel, Tiere und Bäume betroffen sein würden. Das elende Ende des Zaren von Rußland, damals einer der unumschränktesten Herrscher der Welt, wurde ebenso vorhergesagt.

Wenn er seine Prophezeiungen bekanntgab, riet Ahmad

seinen Verleumdern, sich nicht in sofortige Verneinung und Verwerfung zu stürzen. Laßt die Zeit selbst zeigen, ob ich recht habe oder nicht, sagte er.

Doch wirklich wurde seinen allgemeinen Prophezeiungen nicht allzuviel Beachtung beigemessen, außer von denjenigen, die ihn kannten oder die ihn bekämpften. Er hatte kein besonders Interesse an den Angelegenheiten Rußlands und der Familie seines Regenten. Noch besaß er besondere Kenntnis über Rußland.

Das Blutbad des ersten Weltkrieges, die grauenhaften Bombardements an der Westfront zwischen den alliierten Streitmächten Frankreichs und Englands und denen von Deutschland, in welchen jeder Baum entwurzelt und der Tierbestand dezimiert wurde, zeigen eine verblüffende Ähnlichkeit mit den Prophezeiungen von Ahmad. Und so ist es auch mit dem Ende des Zaren von Rußland und seiner Familie.

Noch spezifischer war die Offenbarung in persischer Sprache über den Sturz des Herrschers von Persien. »Der Palast des Herrschers von Persien ist erschüttert worden«, erklärte er am 15. Januar 1906. Zu dieser Zeit schien der Schah sicher auf dem berühmten Pfauenthron, einer der ältesten Monarchien der Welt, zu sitzen. Doch weniger als ein Jahr später war er tot, und eine Revolution fegte seinen Sohn und Nachfolger und ihre Dynastie für immer von dem Pfauenthron.

Eine andere Prophezeiung betraf die Teilung der Provinz Bengalen, die von dem damaligen Vizekönig von Indien, Lord Curzon, angeordnet worden war. Dies wurde von vielen Indern übel genommen, und eine intensive politische Kampagne wurde von dem kurz zuvor ins Leben gerufenen indischen Nationalkongreß gestartet, um diesen Beschluß rückgängig zu machen. Doch als ein neuer Vizekönig, Lord Minto, eintraf und ersucht wurde, erklärte er ungeachtet der Unruhen, daß die Teilung weder widerrufen noch abgeändert werden würde.

Der Staatssekretär für Indien, der britischer Kabinettsminister für alle indischen Fragen war, wies gleich unbewegt alle Anträge, die an ihn gestellt wurden, ab. Es schien, als sei die Teilung unausweichlich.

Im Februar 1906 erhielt Ahmad eine Offenbarung auf Urdu, die lautete: »Was die Anordnung betreffs Bengalen belangt, sie werden jetzt getröstet werden.« Diese Prophezeiung wurde von den Hindus, die die Teilung als unvermeidlich angesehen hatten, mit Spott und Hohn empfangen. Nichts konnten sie mehr dagegen unternehmen, da die britische Regierung absoluter Herrscher über Indien war. Im Laufe der Jahre wurde Ahmads Vorhersage immer wieder von seinen Gegenspielern, Muslimen wie Hindus, vorgebracht. Im Dezember 1911 jedoch erfüllte sich die Prophezeiung. Am Vorabend seiner Krönungsfestlichkeiten in Delhi verkündete George V., Kaiser von Indien, die Aufhebung der Teilung.

Die Prophezeiung über den Tod Lekh Rams sollte äußerst spezifisch sein und sollte Ahmad in beträchtliche Schwierigkeiten bringen. Sie kam nach der Veröffentlichung von Braheen Ahmadiyya, worin Ahmad erstmals bekanntgab, daß er Empfänger von Offenbarungen von Gott und der Reformer des Jahrhunderts sei. Braheen Ahmadiyya hatte in Kapiteln und Versen die Vortrefflichkeiten des Islams im Vergleich mit anderen Religionen dargelegt. Ahmad hatte Hindus, Christen und andere dazu aufgerufen, ihre Heiligen Schriften mit denen des Heiligen Qur-âns zu vergleichen.

Eine Anzahl von Leuten war auf Ahmads Herausforderung eingegangen, aber abgesehen von Pandit Lekh Ram, einem Mitglied der Arya-Samaj Hindu-Sekte, gerieten sie bald in Vergessenheit. Er wurde ein glühender Anhänger der Arya-Samaj und verbrachte den Rest seines Lebens mit der Verbreitung ihrer Glaubenssätze. Er gründete einen Zweig in Peshawar und kam 1884 nach Lahore. Er wurde zum Redakteur der Arya Gazette, die in Ferozpore herauskam, ernannt.

Lekh Ram verfaßte eine Gegenschrift zu Braheen-i-Ahmadiyya, der er den Titel »Widerlegung von Braheen-i-Ahmadiyya« gab. Eine christliche Zeitung, ›Noor Afshan‹, normalerweise keineswegs freundlich gegenüber Ahmad und anderen Muslimen, beurteilte sie wie folgt: »Der Autor hat sicherlich die schlimmsten der Fanatiker an Beleidigungen, Unsinn, Lügen und Fälschungen übertroffen. Er hat so absurde und unsinnige Dinge geschrieben, daß keine gebildete und zivilisierte Person je dergleichen von sich geben, geschweige denn sie schwarz auf weiß bringen würde.«

Lekh Ram hatte einmal auf Ahmads Einladung hin 25 Tage in Qadian verbracht, doch dieses persönliche Treffen hatte ihre Beziehung nicht verbessert und über viele Jahre hatte Lekh Ram fortgesetzt, Spott über den Islam zu verbreiten. Er sagte viele harte und unschöne Dinge. Insbesondere setzte er Mohammad herab, nicht nur als Prophet, sondern auch wegen seiner Lebensweise und zwar in einer Art, die jeden Muslim in tiefe Wut versetzen mußte. Er war das Gegenteil von dem, was Ahmad für das Verhalten in religiösen Debatten gewünscht hatte.

Einmal wartete Ahmad auf dem Bahnhof von Ludhiana auf einen Zug, als die Zeit fürs Gebet nahte. Ahmad begann seine Andacht und kurz darauf tauchte Lekh Ram auf. Er versuchte, Ahmads Aufmerksamkeit auf sich zu ziehen, indem er ununterbrochen vor ihm auf und ab ging. Ahmad tat, als hätte er ihn nicht gesehen. Als einer seiner Anhänger Ahmad auf Lekh Ram aufmerksam machte, sagte Ahmad: »Er beleidigt meinen Meister, den Heiligen Propheten, und will mich begrüßen. Ich habe nicht einmal den Wunsch, sein Gesicht zu sehen.«

Im März 1886 erklärte Ahmad, er habe eine Offenbarung über die Zukunft einiger seiner Freunde und einige seiner Gegner erhalten. Einige dieser Prophezeiungen seien unangenehm und ihre Enthüllung könnte Schmerz bereiten, sagte

114

er. Aus diesem Grunde bat er diejenigen, die wünschten, daß
er still sein solle, ihm dies zu sagen.

Einer derjenigen, dessen Zukunft ihm vorhergesagt worden war, war Lekh Ram. Er erklärte sofort, daß Ahmad seine
Offenbarung verkünden solle.

Ahmad tat dies:»In sechs Jahren, von heute, dem 20. Februar 1893 ab, wird dieser Mann als Bestrafung für seine Respekt-
losigkeit gegen den Heiligen Propheten von einer schrecklichen Qual heimgesucht werden. Indem ich diese Vorhersage
bekanntgebe, informiere ich alle Muslime, Christen und Anhänger anderer Religionen, daß sie, sofern dieser Mann nicht
innerhalb von sechs Jahren, von heute ab gerechnet, von
einem Schicksalsschlag, der sich deutlich von gewöhnlichen
Ereignissen unterscheidet und von außergewöhnlicher Art
ist und den Charakter einer göttlichen Bestrafung hat, heimgesucht werden wird, mit Fug und Recht behaupten können,
daß ich nicht von Gott, dem Allmächtigen, gesandt bin, noch
in Seinem Geist spreche.«

Es gab einige Kritik, daß die Offenbarung mehr Mutma-
ßung sei und in einer Zeitspanne von sechs Jahren vieles
passieren könne. Ahmad erweiterte daher seine Offenbarung. »Wenn nichts außer einem Fieber oder gewöhnlichen
Schmerzen auftritt ... dies würde keine Erfüllung meiner
Prophezeiung sein ... niemand ist von solchen Krankheiten
frei ... wenn die Prophezeiung in einer Art und Weise in
Erfüllung geht, die deutlich das Wirken göttlichen Zornes
erkennen läßt, dann müßt ihr einsehen, daß es von Gott
Selbst ist.

Ich hege keine persönlichen Feindseligkeiten gegen Lekh
Ram oder gegen irgendeine andere Person ..., doch dieser
Mann hat sich deutlich als der Feind der Wahrheit gezeigt,
und er hat verächtlich von dem perfekten und heiligen We-
sen, das die Quelle aller Wahrhaftigkeit ist, gesprochen.«

Im April 1893 fügte er dieser Offenbarung hinzu: »Diesen

115

Morgen sah ich mich in einem großen Raum sitzen, in dem einige meiner Freunde anwesend waren, als plötzlich ein athletischer Mann von furchteinflößender Erscheinung auftrat und sich vor mich stellte ... Als ich ihn ansah, fragte er, ›Wo ist Lekh Ram‹‹ ... Da begriff ich, daß dieser zur Bestrafung von Lekh Ram auserkoren war.«

Er fügte hinzu: »Hüte dich, o törichter und irregeleiteter Feind. Fürchte das scharfe Schwert Mohammads.«

Lekh Ram lachte über diese Offenbarung. Er würde selbst eine machen, erklärte er: Ahmad werde innerhalb von drei Jahren an Cholera sterben.

Die Jahre vergingen. Ahmad überlebte Lekh Rams Vorhersage. Lekh Ram aber überlebte die Ahmads nicht.

Am frühen Abend, so zwischen sechs und sieben Uhr, am Samstag, dem 6. März 1897, stieß in Lekh Rams sorgfältig verschlossenem und bewachtem Haus ein athletisch gebauter Mann Lekh Ram einen Dolch in den Leib und drehte ihn so, daß seine Eingeweide mehrfach durchtrennt wurden. Die Ehefrau und die Mutter Lekh Rams, die sich im angrenzenden Zimmer befanden, eilten hinzu, als sie seine Schreie hörten. Die Mutter wurde zu Boden gestoßen, als der Mörder aus dem Haus rannte.

Der Tod Lekh Rams verursachte einen großen Aufruhr. Es wurde gemutmaßt, daß der Mord im Auftrag Ahmads begangen worden war, da er es so klar vorhergesagt hatte. Ahmad wies die Beschuldigungen von sich, indem er sagte, daß kein religiöser Führer Respekt erwarten könne, wenn er es nötig hätte, einen Anhänger anzustiften, so einen Meuchelmord auszuführen.

Lekh Rams Tod war lediglich, was Gott beschlossen und ihm offenbart hatte. Es war Gottes Hand, die den Tod herbeigeführt hatte — der Mörder war ein verborgenes Instrument Gottes, doch ob er ein Mensch oder ein Racheengel war, könne er nicht sagen.

»Wenn ich anwesend gewesen wäre, hätte ich versucht, ihn zu retten, denn dies wäre meine mitmenschliche Pflicht gewesen«, fügte er hinzu.

Der Mörder wurde nie ausfindig gemacht und viele Jahre später schrieb ein Rechtsanwalt, der ein Anhänger der Arya-Samaj war, es sei ein reiner Zufall gewesen, daß Ahmads Prophezeiung durch den Tod von Lekh Ram erfüllt wurde. »Gott allein weiß, ob dies eine göttliche Heimsuchung oder das Resultat menschlichen Einschreitens war«, sagte er.

Der Tod Lekh Rams bedeutete, daß Ahmad von seinen Anhängern noch besser beschützt werden mußte. Ein Hindu-Geheimbund war gegründet und eine Belohnung derjenigen Person versprochen worden, der es gelänge, ihn zu ermorden. Einige Gerüchte brachten die Summe, die dem Mörder gegeben werden sollte, auf 30000 Rupien, eine wahrhaft ungeheure Summe.

Kapitel 16

Eine Mordanklage

Abdullah Athim starb am 27. Juli 1896. Dies war drei Jahre und zwei Monate nach der schrecklichen Prophezeiung, die Ahmad am Ende ihrer Debatte gemacht hatte. Er hatte erklärt, daß Gott ihm offenbart hatte, daß innerhalb von 15 Monaten, jeder Monat entsprach einem Tag der 15tägigen Debatte, Athim in die Hölle geworfen würde, sofern er sein Verhalten dem Islam gegenüber nicht ändere. Gott würde dies tun, weil Athim wußte, daß er vorsätzlich Falschheit verfolgte.

Als die 15 Monate verstrichen waren und Athim noch am Leben war, lachten Ahmads Gegner und sagten, daß es eine falsche Prophezeiung war. Ahmad bat daraufhin Athim zu schwören, daß er seine Einstellung dem Islam gegenüber nicht geändert habe. Er wies darauf hin, daß Athim sich während der Debatte entschuldigt und wiederholt beteuert hatte: »Ich bereue, ich bereue. Ich hatte nicht die Absicht, respektlos zu sein!«

Athim weigerte sich jedoch, den Schwur abzulegen, zog sich aus der Öffentlichkeit zurück und äußerte nie wieder ein Wort gegen Mohammad. Man behauptete, daß er für den Rest seines Lebens in absolutem Terror lebte, fast ununterbrochen betrunken war und von den Missionaren von einer Stadt in die andere gebracht wurde.

Dr. Clark, der christliche Arzt und Missionar, der die Debatte vorgeschlagen hatte, in dem Glauben, dadurch viele Muslime ins Christentum zu locken, war besonders aufgebracht über das Resultat.

Ebenso wütend waren die Hindus der Arya-Samaj Sekte von Lekh Ram und Ahmads eigene muslimische Gegner. Sie brüteten eine Verschwörung aus, um Ahmad einen Schlag zu versetzen, der ihn für immer zum Schweigen bringen würde. Es muß angenommen werden, daß Dr. Martyn Clark der Anstifter zu dieser Verschwörung war. Mit Sicherheit spielte er die Hauptrolle.

Die Ahmadiyya-Gemeinde sieht gewisse Ähnlichkeiten zwischen dem Prozeß Jesu vor Pontius Pilatus, der durch die offensichtliche Verschwörung der Schriftgelehrten und Pharisäer gegen Jesus in Schwierigkeiten geraten war, und dem Prozeß Ahmads vor dem Polizeirichter Captain William Douglas, der ebenfalls überzeugt war, daß es sich hier um eine Verschwörung der religiösen Feinde Ahmads, Christen, Hindus und Muslime handele.

Am 1. August 1897 reichte Dr. Martyn Clark an dem für den Bezirk Amritsar zuständigen Gerichtshof eine Klage ein, daß Ahmad sich verschworen hatte, ihn umzubringen. Als Zeugen führte er einen Jungen namens Abdul Hamid vor, der unter Eid aussagte, Ahmad habe ihm gesagt, nach Amritsar zu gehen und Dr. Clark zu ermorden. Der Richter erließ sofort einen Haftbefehl gegen Ahmad.

Die Neuigkeit von Ahmads Haftbefehl verbreitete sich schnell. Seine Feinde waren hocherfreut, und jeden Tag versammelte sich eine Menschenmenge auf dem Bahnhof von Amritsar, in der Hoffnung, Ahmad in Handschellen aus dem Zug geführt zu sehen. Sie wurden jedoch enttäuscht. Der Haftbefehl war dem Gericht in Gurdaspur übertragen worden. Schon sieben Tage später, am 8. August, wurden dort die Verhandlungen aufgenommen. Das alles geschah so schnell auf Dr. Clarks Veranlassung.

Er war zu Captain Douglas, dem jungen Polizeirichter von Gurdaspur, gegangen, kurz nachdem er erfahren hatte, daß Ahmads Verhaftung dem Gericht in Gurdaspur übertragen worden war. Er bat Captain Douglas, Ahmads Prozeß sofort zu beginnen.

Viele Jahre später, als Captain Douglas in höhere Dienstgrade aufgestiegen und in Ruhestand getreten war, erzählte er, was passierte: »Ich sagte ihm: ›Dies ist eine sehr ernste Angelegenheit. Sie sollte zur Nachforschung an die Polizei übergeben werden. Dann kann sie in den Sessions verhandelt werden.‹« Dies war eine viel höhere Instanz.

Dr. Clark erwiderte: »Ich bin krank und möchte Urlaub nehmen. Ich fürchte, man wird versuchen, mit meinem Zeugen heimlich zu verhandeln. Ich will, daß mit dem Fall sofort begonnen wird.«

Douglas sagte, dies sei unmöglich. »Ich kann nicht Ghulam Ahmad eines Vergehens anklagen, solange nicht eine Untersuchung stattgefunden hat. Es gibt nicht genügend Beweismaterial.«

Nach ein paar Sekunden Überlegung fügte er hinzu: »Ich habe jedoch nichts dagegen, Sicherheitsmaßnahmen zu treffen, um Ruhe und Ordnung zu bewahren, wenn das Beweismaterial, das Sie haben, solchen Verlauf rechtfertigt.«

Nach weiteren Diskussionen erklärte sich Dr. Clark einverstanden. Eine Vorladung wurde ausgestellt, die Ahmad aufforderte, am 10. August vor Gericht in Batala zu erscheinen. Dr. Clark war der Hauptzeuge, doch ihn unterstützte eine Schar von Gegnern Ahmads, Muhammed Hussain eingeschlossen. Offiziell waren keine Hindus vertreten, aber seltsamerweise hatte Pandit Ram Bhaj Dutt, ein bekannter Anwalt aus Lahore, seine Dienste als Rechtsberater angeboten. Er assistierte bei den Vorverhandlungen, so daß behauptet werden kann, daß die Arya-Samaj Sekte auf sehr ungewöhnliche und mächtige Art vertreten war.

So wurde der Fall von dreien von Ahmads erbittertsten Gegnern verhandelt — Dr. Clark, Repräsentant der christlichen Missionare, Muhammed Hussain, Repräsentant der muslimischen Gelehrten, und Mr. Dutt für die Arya-Samaj Hindus.

Soviel gab auch Dr. Clark zu, als er gefragt wurde, ob er Pandit Ram Bhaj Dutt für seine Dienste bezahlt hatte. Er antwortete: »Wir alle unternehmen gemeinsame Aktionen gegen einen Mann, der unser gemeinsamer Feind ist.«

Diese Aussage, ebenso wie die Tatsache, daß Dr. Clark so schnell so viele Zeugen aus verschiedenen Teilen des Landes versammeln konnte, stimmt nicht mit seiner Aussage vor dem Gericht überein, daß er sich erst am 31. Juli entschlossen hatte, sich über Ahmad wegen versuchten Mordes zu beschweren.

Der Prozeß dauerte etwa drei Tage. Der vorgebliche Attentäter, Abdul Hamid, war ein hochaufgeschossener, schlaksiger Junge. Zeugenaussagen zufolge wirkte er ungewandt und faul, ein Streuner, dem es gleichgültig war, woher er Essen, Unterkunft und Bekleidung erhielt — solange er nicht arbeiten mußte. Mit Sicherheit war er kein fanatischer Christ, sagte ein amerikanischer Missionar, Dr. Grey. Was seine Beteuerungen über den christlichen Glauben betraf, hielte er ihn für einen Betrüger. Bei anderen Gelegenheiten habe er auch behauptet, daß er Muslim sei oder Hindu.

Als Abdul Hamid nach Amritsar kam, führte sein erster Weg zur amerikanischen Mission. Die Amerikanische Mission versorgte ihn mit Mahlzeit und Unterkunft, was er erhoffte. Danach ging er zu der von Dr. Clark und seinen Helfern geführten Mission.

Abdul Hamid war gerade aus Qadian gekommen, wo er sich für 14 Tage im Ahmadiyya-Gästehaus aufgehalten hatte.

War er von Dr. Clark und seinen Missionaren dorthin gesandt worden, um Ahmad zu vernichten? War Abdul Hamid von dem vorher geschmiedeten Plan, sofort zu Dr. Clark's Mission zu gehen, mit der gespielten Absicht, Dr. Clark zu töten, wie, so gab er an, Ahmad ihm aufgetragen hatte, abgewichen?

Oder war es so, daß Abdul Hamid bei seiner Ankunft bei Dr. Clark zufällig erwähnte, wo er sich die letzten 14 Tage aufgehalten hatte — und Dr. Clark diese vermeintlich gute Gelegenheit, Ahmad zu vernichten, ausnutzte?

Captain Douglas war jung. Vielleicht war dies der Grund, daß Dr. Clark den Fall durchaus vor ihm verhandelt wissen wollte. Jedenfalls mutete seine Entscheidung, das Hilfsangebot des Hindu-Anwalts anzunehmen, eigenartig an. Ebenso eigenartig war seine Entscheidung, daß Abdul Hamid während der Verhandlungen der Obhut Dr. Clarks anvertraut werden sollte.

Abdul Hamid hatte behauptet, er fürchte um sein Leben. Dr. Clark hatte angeboten, sich um ihn zu kümmern und Captain Douglas, ohne Verdacht, eigentlich naiv, hatte zugestimmt. Captain Douglas war ein begeisterter Leser von Macbeth und anderen Skakespearedramen und hätte eigentlich wissen sollen, daß manch dunkler Gedanke sich hinter einem lächelnden Gesicht verbergen kann. Aber die Briten in Indien vertrauten einander normalerweise ohne Bedenken.

Am dritten Tag der Verhandlungen war ihm jedoch klar geworden, daß etwas mit dem Beweismaterial, das ihm vorgelegt worden war, nicht stimmte. Als er auf dem Bahnsteig der Eisenbahn wartete, vertraute er seine Bedenken dem Gerichtsschreiber an. Der Sekretär, der vielleicht besser über die Gerüchte, die im Umlauf waren, informiert war, schlug vor, Abdul Hamid nicht länger in der Obhut von Dr. Clark zu belassen und ihn gesondert zu verhören.

Viele Jahre später beschrieb Captain Douglas seine damaligen Gefühle: »Ich hielt seine Geschichte für sehr unwahrscheinlich. Es gab einige Ungereimtheiten zwischen der in Amritsar angegebenen Version und der, die ich aufgeschrieben hatte. Ich war auch nicht mit seinem Verhalten während des Verhörs zufrieden.

Ich bemerkte auch, daß seine Aussagen immer detaillierter und umfangreicher wurden, je länger er sich in Batala unter der Obhut der Mission aufhielt. Bereits in seiner ersten

Erklärung an mich gab es vieles, das bei der Untersuchung durch den Distriktsmagistrat in Amritsar nicht angegeben worden war. Und als ich ihn am folgenden Tag noch einmal befragte, kam eine Menge zusätzlicher Einzelheiten hinzu.«

Der Schluß war, sagte Captain Douglas, daß Abdul Hamid jede Nacht Anweisungen erhielt, was er auszusagen hatte — oder, daß er viel mehr wußte, als er offen erklärte.

Captain Douglas beauftragte die Polizei, Abdul Hamid aus Dr. Clark's Fürsorge zu entfernen und ihn unabhängig zu vernehmen. Das wurde von dem Polizei-Oberinspektor Le Marchand und einem anderen Polizei-Inspektor durchgeführt. Abdul Hamid blieb beharrlich bei seiner Aussage, Ahmad habe ihm aufgetragen, Dr. Clark zu ermorden, und er hatte zugestimmt, das zu tun.

Schließlich erklärte der Polizei-Inspektor: »Es ist sinnlos. Der Junge bleibt bei seiner Aussage. Wir sollten ihn besser zurückschicken.«

Mr. Le Marchand stimmte zu. Er entschied jedoch, einen Report über ihre Untersuchungen aufzusetzen. Er verhörte Abdul Hamid erneut und schrieb seine Antworten auf. Er hatte bereits zwei Blätter mit Fragen und Antworten gefüllt — alle mit den vorher gemachten Aussagen übereinstimmend —, als Abdul Hamid in Tränen ausbrach und sich Mr. Le Marchand zu Füßen warf.

Er hätte in all seinen Aussagen gelogen, sagte er. Alles war falsch. Es gäbe keine, von Ahmad und seinen Anhängern geplanten Mordanschlag gegen Dr. Clark. Die Geschichte sei von den Missionaren erfunden worden. Sie hatten ihm viele Tage lang genauestens eingeschärft, wie er aussagen sollte. In einem Beispiel hatten sie mehrere Worte nach dem ersten Verhör abgeändert, um das Beweismaterial noch belastender zu machen.

Als Abdul Hamid es auswendig gelernt hatte, sagte einer von ihnen: »Dankeschön. Unser Ziel ist erreicht.«

Vor Gericht hatte einer der Verteidiger Abdul Hamid gefragt: »Du bist doch kein Vogel. Wie gedachtest Du zu entkommen, nachdem du Dr. Clark getötet hattest?«

Die Missionare, die mit Abdul Hamid paukten, merkten sich das und bereiteten eine Antwort für Abdul Hamid vor, für den Fall, daß die Frage noch einmal aufkäme — er solle angeben, daß eine bestimmte Person ihm bei der Flucht behilflich hätte sein sollen. Damit Abdul Hamid es nicht vergessen würde, schrieb einer von ihnen es in die Handfläche von Abdul Hamids Hand.

Als ob er die ganze Verdorbenheit illustrieren wolle, wie die Anklage und die Beweisführung fabriziert worden waren, fügte Abdul Hamid hinzu, »er schrieb es mit einem Bleistift — dem, der von Dr. Clarks Anwalt benutzt wird.«

Sich des Prozesses erinnernd, sagte Captain Douglas, daß sein Verdacht zuerst aufkam durch die Art, in der Abdul Hamid seine Beweise vorbrachte — er sprach schnell und mit einer Fülle von Einzelheiten. Als Abdul Hamid zugab, erst die amerikanische Mission aufgesucht zu haben, obwohl er extra nach Amritsar gekommen war, um Dr. Clark zu töten, entschied Captain Douglas, daß es nun genug sei.

»Diese Antwort entschied in meiner Meinung, daß er keine Absicht gehabt hatte, Dr. Clark zu töten. Ich sprach Ahmad sofort frei und erklärte den Fall für abgeschlossen.« Er fügte hinzu, daß Ahmad Dr. Clark wegen bösartiger Verfolgung anklagen könne, falls er es wünsche. Das Gericht lasse ihm freie Hand, das zu tun.

Ahmad antwortete, daß er das nicht tun würde. Dr. Clark würde sich am Ende vor einem höheren Richterstuhl zu verantworten haben. Es gab auch Spaßiges und Erweisung von Ehre während der Verhandlungen. Jeden Tag versammelte sich eine Menschenmenge vor dem Gerichtsgebäude, um den laufenden Berichterstattungen derjenigen, die das Glück gehabt hatten, einen Platz im Verhandlungsraum zu bekommen, zuzuhören. Die Menge war in zwei Lager gespalten. Die Muslime, auch diejenigen, die nicht an ihn glaubten, witterten eine Verschwörung.

Ahmads Erzfeind Muhammad Hussain, einer der fünf Zeugen der Anklage, hatte zuerst einen Platz in der Veranda des Gerichts eingenommen. Er wurde von einem Aufsichtsbeamten gebeten, den Platz zu verlassen und er tat das übellaunig. Daraufhin bot ihm einer der Zuschauer ein Schultertuch an — das unschätzbare Stück Stoff, das in Indien benutzt wird: als Schal um die Schultern, wenn es zugig ist, oder bei Nacht, wenn es kalt ist, oder während des Tages, um den Kopf gegen die Sonne zu schützen, oder einfach, um darauf zu sitzen.

Er könne es auf dem Boden ausbreiten und sich draufsetzen, während er wartete, sagte der Zuhörer.

Der Mann, der dieses Angebot machte, dachte, daß Muhammed Hussain als Zeuge für Ahmad auftreten solle. Als er erfuhr, daß Muhammed Hussain einer der Belastungszeugen war, war er sehr verärgert. Er zwang ihn, aufzustehen und ihm den Schal zurückzugeben.

Als Muhammed Hussain im Gerichtssaal seine Zeugenaussage gab, und sah, daß Ahmad auf einem Stuhl saß, und ihm keiner angeboten worden war, murrte er. Als einem Führer des Punjab stand Ahmad selbstverständlich einer zu, ganz abgesehen von der Tatsache, daß man nicht von ihm erwarten konnte, tagelang im Gericht zu stehen. Muhammed Hussain erklärte, er sei ein »Kursi Nashin«, ebenso wie sein Vater es gewesen war. Dies war ein ehrenvoller Titel, der den Inhaber zu einem Sitzplatz berechtigte, wann immer er in Regierungsgeschäfte verwickelt war.

Captain Douglas wollte nichts davon hören. Er sagte scharf: »Seien Sie still. Und stehen Sie gerade, wenn Sie vor Gericht aussagen.«

Der Freispruch kam für Ahmad und seine Anhänger nicht

als eine Überraschung. Sher Ali, einer seiner ersten 313 Begleiter, war bei ihm in Qadian im Juli des gleichen Jahres, bevor Dr. Clark seine Klage einreichte. Sher Ali, ein Universitätsgraduierter sollte noch oft in späteren Jahren an diesen Monat denken. Wenn Ahmad eine Offenbarung erhalten hatte, wartete er gewöhnlich bis nach der Gebetszeit, bevor er seinen Anhängern berichtete. Aber an einem Julimorgen ließ Ahmad seine Begleiter in sein Haus kommen. Er las ihnen aus einem Notizbuch vor, in dem er vermerkte, was er während der Nacht gesehen oder was ihm gesagt worden war.

Ahmad sagte, er habe einen Blitz von Westen auf sein Haus zukommen sehen. Als er sich näherte, verwandelte er sich in einen Stern. Dann erhielt er das Wort Gottes. »Dies ist eine Drohung von der Obrigkeit, doch du wirst freigesprochen werden.« Ahmad wußte so, daß demnächst ein Gerichtsverfahren gegen ihn eingeleitet werden würde, daß es jedoch ohne Erfolg bleiben würde, sagte Sher Ali. Ahmad hatte ihnen auch Einzelheiten über die Anschuldigungen, die gegen ihn vorgebracht werden würden, gesagt.

Ahmads Verhalten während der Gerichtsverhandlungen rief Bewunderung bei Leuten hervor, die nicht seine Anhänger waren. Sein Rechtsanwalt wollte die Anklage schwächen durch Bloßstellung des Charakters der Zeugen. Deshalb bat er Ahmad um Erlaubnis, Muhammad Hussain über seine Eltern zu befragen. »Gott verbietet unziemliche Rede«, sagte er.

Sein Anwalt, der kein Ahmadi war, erinnerte sich dessen oft in späteren Jahren. »Hier war ich, jemanden zu verteidigen, der der Anstiftung zum Mord angeklagt war, und er verbietet es mir, weil ich Schande über einen Zeugen hätte bringen können, der ihn haßte.«

Der Prozeß, der geplant war, Ahmad zu vernichten, hatte den gegenteiligen Effekt. Es war Ahmad, der gezeigt hatte, daß er die Wahrheit sagte. Und wenn er in diesem Fall die

Wahrheit gesagt hatte, könnte es nicht auch sein, daß er ebenso über seine Offenbarungen von Gott die Wahrheit sagte? Die Anzahl der Leute, die nach Qadian kamen, um seinen Ansprachen zu lauschen, nahm zu.

Der Prozeß hatte auch Captain Douglas in seiner Karriere keinen Nachteil gebracht. Er beendete seine Laufbahn als Oberst und oberster Bevollmächtigter über einen der indischen Staaten und wurde als »Commander of the Star of India« und »Commander of the Indian Empire« ausgezeichnet.

Er hatte nie die geringsten Zweifel, daß sein Urteil richtig gewesen war und daß Gerechtigkeit gesiegt hatte. Von seinem Ruhestand aus sagte er: »Sobald als Ahmad den Zeugenstand betrat und ich in sein Gesicht sah, fing ich an zu denken, daß irgendetwas mit den Anschuldigungen nicht in Ordnung war. Ich war überzeugt, daß ein Mensch mit solch einem guten Gesicht die Taten, derer er beschuldigt wurde, nicht begangen haben konnte. Er war eine lächelnde, offene Erscheinung.«

Die Feindseligkeit Muhammad Hussains dauerte fort, obwohl sein Einfluß jetzt abnahm. Er erreichte seinen tiefsten Stand, als er gezwungen war, seinen Lebensunterhalt als schlechtbezahlter Lehrer zu verdienen — während seine Söhne die von der Ahmadiyya-Gemeinde errichtete Schule in Qadian besuchten.

Abdul Hamid war nichts weiter als ein Werkzeug in der Verschwörung gewesen, doch er sollte vom Gericht wegen Meineids und Verschwörung verfolgt werden. Er konnte erst nicht gefunden werden, doch er wurde später verhaftet und zu neun Monaten strenger Haft mit 44 Tagen Einzelhaft verurteilt.

Obwohl Dr. Clark von Captain Douglas und anderen als der Hauptverschwörer angesehen wurde, kam er ohne Bestrafung davon. Vielleicht geschah dies, weil ein Beweis schwierig gewesen wäre. Er hätte behaupten können, er sei selbst nur ein Opfer gewesen und er habe nur die Information weitergeleitet, die er empfangen hatte. Oder vielleicht wurde es auch nur als unklug erachtet, einen christlichen Missionar gerichtlich zu verfolgen.

Kapitel 17

Der Rückzug des Bischofs

Christlichen Missionaren wurde erneut gesagt, sich nicht auf Debatten mit Ahmad einzulassen. Für einen Missionar mit der europäischen Anmaßung, nach der das Christentum richtig sein muß, war er zu gut über alle Glaubensrichtungen unterrichtet.

Ein Beispiel für den unerschütterlichen Glauben an die Überlegenheit des Christentums sollte einige Jahre später erscheinen, als der Rt. Rev. G. A. Lefroy, Bischof von Lahore, eine öffentliche Vorlesung hielt. Das Thema war »Der unschuldige Prophet«, und er erklärte, daß Jesus der einzige unschuldige Prophet war. Als sein Vortrag geendet hatte, fragte er, ob die anwesenden Muslime irgendetwas zu sagen hätten.

Einer hatte. Er lenkte die Aufmerksamkeit des Bischofs auf den Ausspruch Jesu hin: »Warum nennst du mich gut? Es gibt keinen, der gut wäre außer Gott.« (Matth. 19,17)

Als Ahmad von den Bemerkungen des Bischofs hörte, beschloß er, zu antworten. Die Vorstellung von Sünde sei in den verschiedenen Religionen so unterschiedlich, betonte er, daß Diskussionen nicht viel Wert hätten. Trinken von Alkohol sei eine Sünde in der einen Religion und ein religiöser Akt in der anderen. In einigen Religionen sei es ehebrecherisch, auf eine Frau mit Verlangen zu schauen, in anderen Religionen sei der sexuelle Akt ›Neog‹, eine soziale und religiöse Notwendigkeit. Eine Wanze oder einen Wurm zu töten war eine Sünde für einige, während andere Kühe und Schafe nicht höher als Gemüse einstuften.

Jesus war von Christen als sündenlos dargestellt, sagte Ahmad, mit Anspruch auf Göttlichkeit. Gemäß dem Islam aber gäbe es keine größere Sünde als die Anbetung von

Idolen oder zu beanspruchen, Gott zu sein. Außerdem sei
Sündenlosigkeit ein negativer Wert. Das Meiden des Schlech-
ten sei keine allzugroße Leistung. Gute Taten seien das Ehrba-
re, erklärte er. Ein Thema, viel mehr einer Untersuchung
wert, schlug Ahmad vor, war »der ideale Prophet«.

Einige Monate später wurde ein öffentlicher Brief, von
einer großen Anzahl von Muslimen aus dem ganzen Punjab
unterzeichnet, an den Bischof von Lahore geschickt. Er wurde auch an alle Zeitungen gesandt. Der Brief war in Englisch,
sehr elegant und beredt abgefaßt, und hatte einen Anflug
von östlicher Anmut.

»Da unser vergängliches irdisches Leben unmerklich wie
eine Sommerwolke davon zieht und die Zeit naht, da es in
die Ewigkeit eingehen wird ... ist es unsere größte Besorgnis,
daß die Pilgerfahrt des Lebens in wahrer Rechtschaffenheit
und mit Gottes Segen zu Ende geht und wir unseren letzten
Atemzug als Zeugen eines Glaubens tun mögen, der den
Pfad des göttlichen Willens zeigt. Wenn wir uns nicht auf
dem richtigen Weg befinden, dann sollten wir mit Herz und
Seele bereit sein, die Wahrheit anzuerkennen, vorausgesetzt,
sie wird uns mit klarer und zwingender Beweisführung dar-
gebracht.

Wenn irgend jemand sich ein Herz fassen und hervortreten
und uns die Wahrheit der christlichen Religion beweisen
könnte, so wären wir ihm zu größtem Dank verpflichtet. Es
ist unseres Herzens innerster Wunsch und wir sind immer
begierig, daß eine Untersuchung angestellt werde, in der
vergleichend Verdienste und Vorzüge des Christentums und
des Islams vorgenommen werden.«

Sie hätten von der Vorlesung des Bischofs gehört, fuhr der
Brief fort, und »wir sind der Ansicht, daß von den Christen
in diesem Lande Sie in religiöser Gelehrsamkeit unvergleich-
lich sind. Es erscheint uns, daß niemand die christliche Religion besser vertreten könnte als Sie, mit Ihrem umfangrei-

chen, auch praktischen Wissen und Ihrer Kenntnisse des Arabischen, Persischen und Urdu und wegen Ihrer freundlichen und höflichen Manieren.«

Sie schlügen deshalb eine Debatte zwischen dem Bischof von Lahore und Ahmad über fünf Themen vor.

Doch der Bischof ließ sich nicht mit Komplimenten und Schmeicheleien fangen.

»Ich weigere mich, mit Ghulam Ahmad in derart freundlicher Beziehung, wie eine solche Diskussion sie verlangt, zusammenzukommen«, antwortete er. Indem er sich selbst als Der Verheißene Messias bezeichnet, habe Ahmad einen Namen angenommen, den die Christen verehrten und deshalb sei dies ... »eine äußerst kränkende Beleidigung und Entehrung desjenigen, den ich als meinen Herrn und Meister verehre. Wie kann ich mich möglicherweise damit einverstanden erklären, mit ihm in freundlicher Art und Weise zusammenzukommen?«

Sein Brief war ebenso lang und sorgfältig formuliert wie die Einladung. Er sagte, er glaube nicht, daß die Überlegenheit der einen Religion über eine andere durch Beweise des Verstandes festgelegt werden könne. Er würde gern Schriften studieren, die ihm ein klareres Verständnis der Lehren des Islams geben würden, aber das sei etwas völlig anderes, als an einer öffentlichen Debatte teilzunehmen, deren Ziel es sei, den Glauben desjenigen anzunehmen, dessen Ansprüche offensichtlich am besten von einem der Sprecher dargelegt worden waren.

Er schloß, daß er auch keine Zeit für eine öffentliche Debatte aufbringen könnte. Als Bischof würde ein Großteil seiner Zeit von Verwaltungsangelegenheiten in Anspruch genommen.

Der Bischof war in seiner Antwort nicht ganz aufrichtig geblieben, da er als erster eine öffentliche Debatte beantragt hatte, indem er die Muslime in seinen öffentlichen Vorträgen aufforderte, seine Bemerkungen zu diskutieren. Und er hatte diese Aufforderungen seiner selbstgewählten Begründungen ausgesprochen, wie die Muslime ausführten, als sie seine Weigerung beantworteten.

»Ihr Aufruf an die Muslime, Beweise für die Unschuld und das Leben ihres eigenen Propheten denjenigen von Jesus Christus entgegenzuhalten — eine Art von Streitgespräch, das eine der Parteien völlig unvorbereitet und nicht repräsentiert traf —, war ein weiterer Anlaß für Muslime, Ihrer Lordschaft ein Gebiet zur Diskussion anzubieten, in welchem die Verdienste der beiden Religionen und ihrer Gründer auf bessere und gerechtere Art geprüft werden könnten.

»Um Ihrer Positionen und Ihren Fähigkeiten und Talenten gerecht zu werden, hatten wir einen Gegner vorgeschlagen, der keine geringe Position einnahm ... Mit zwei derart großen und bemerkenswerten Persönlichkeiten als den Vertretern der zwei großen Weltreligionen sollte die Öffentlichkeit nicht länger im Dunkel gelassen werden über die Lösung einer Frage, die die größten Gemüter aller Zeitalter beschäftigt hatte.«

Beschäftigt wie der Bischof war, konnte er nicht fünf Tage für die vorgeschlagene Dauer der Debatte erübrigen?

Dies war keine so geistreiche Frage, wie es erschien. Der Bischof sollte Stellung beziehen. Verwaltungsangelegenheiten vorzugeben, klang nicht sehr überzeugend.

Die unterzeichnenden Muslime fügten hinzu, daß, als sie Ahmad von der Aussage des Bischofs erzählten, er könne Ahmad nicht in Freundschaft begegnen, Ahmad geantwortet habe: »Ich persönlich betrachte keinen Menschen auf der Welt als meinen Feind Ich hasse nicht Individuen, sondern den falschen Glauben, dem sie anhängen. Bezüglich der Individuen hege ich nichts als äußerste Sympathie für sie und wünsche ihnen nur Gutes. Wie könnte ich jemanden als meinen Feind ansehen, der bei seinen Glaubensbrüdern hohes Ansehen genießt und außerdem wegen seiner hohen Stellung und seines Wissens geehrt wird? Ich liebe ihn, obwohl ich seine Dogmen nicht liebe...

Niemand kann einem Menschen Gutes tun, den er als seinen Feind ansieht, aber ich behaupte wahrhaftig, ich werde, falls sich jemals die Gelegenheit bieten sollte, daß es in meiner Macht stünde, gut oder böse gegen seine Lordschaft zu handeln, ihm so viel Gutes tun, daß es die Welt wundern wird. Die Macht, Menschen auf den Weg der Rechtschaffenheit zu leiten und ein inniger Wunsch um ihre Verwandlung wachsen zu echter Liebe zusammen. Feindschaft verdunkelt Weisheit und löscht Sympathie aus.«

Der Briefwechsel, der in Zeitungen und Journalen in ganz Indien veröffentlicht worden war, hatte Interesse selbst bei den an Religion nicht interessierten Lesern geweckt, und die Weigerung des Bischofs fachte den Streit noch an.

Der indische ›Spectator‹ schrieb: »Der Bischof von Lahore scheint sich eher hastig als würdevoll von einer Herausforderung zurückgezogen zu haben, welche er selbst hervorgerufen hat. Seine Lordschaft hatte sich vor einiger Zeit die Aufgabe gesetzt, den muslimischen Zuhörern zu beweisen, daß Christus der wahre Messias sei, und die Herausforderung war angenommen worden...

Seine Lordschaft spricht von Mirza Ghulam Ahmad als jemandem, der eine kränkende Beleidigung und Entehrung Christus gegenüber ausspreche, indem er unternimmt, sich Messias zu nennen. Die Juden kreuzigten Christus vor 2000 Jahren aus dem gleichen Grund. Sie fühlten sich beleidigt durch sein Unternehmen, sich Messias zu nennen.

Noch seltsamer ist der Hinweis des Bischofs auf die Tatsache, daß Ahmads Ansprüche ›von der überwältigenden Mehrheit der Muslime des Punjabs mit Spott und Verachtung behandelt wurden‹ und dies als schlüssiger Beweis für die Falschheit seines Anspruchs angesehen werden könne.

»Als Pilatus die versammelten Juden fragte, wen er am Tage des Passahfestes freilassen sollte, Christus oder Barabas, entschieden sie sich einstimmig für den verstockten Dieb. Bewies das, daß Christus' Anspruch, der Messias zu sein, unbegründet war?

Wir gehören nicht zu den Anhängern von Mirza Ahmad, haben keine Absicht, seine Ansprüche zu stützen und denen von Christus vorzuziehen, doch wir haben etwas dagegen, wenn in die Diskussionen über Religion eine Logik von Wahlkampf eingeführt wird. Wenn alle Muslime den Mirza mit Beifall begrüßten, hätte der hochehrwürdige Prälat von Lahore seine Meinung über seine Mission geändert?

Religiöser Glaube ist in diesem Lande gerade jetzt in Auflösung begriffen. Es steht denjenigen, die ängstlich darum bemüht sind, jene um die Wahrheit zu scharen, nicht an, Argumente anzuführen, die nicht der lautersten Natur sind.«

Keine schärfere Verurteilung des Verhaltens des Bischofs von Lahore war möglich.

Die fünf für die Debatte vorgeschlagenen Themen waren:

Welcher der beiden Propheten, Jesus oder Mohammad, kann aufgrund seiner eigenen Schriften oder anderer Argumente als vollkommen unschuldig dargestellt werden?

Welcher Prophet der gleichen Autorität verdient es, der »lebendige Prophet« genannt zu werden und besitzt Göttliche Kraft?

Welcher Prophet der gleichen Autorität ist dazu berechtigt, als Fürsprecher bei Gott angesehen zu werden?

Welche der beiden Religionen kann der Lebendige Glaube genannt werden?

Welche der zwei Lehren, vertreten durch den Heiligen Qur-ân und die Heilige Bibel, Einheit oder Dreieinigkeit, ist vortrefflicher und natürlicher?

Kapitel 18

Offenbarungen über Sikhismus

Ahmads Studium anderer Religionen hatte ihn davon überzeugt, daß gegenseitige erbitterte Anschuldigungen anderer Religionen nichts zur Gesamtheit religiösen Wissens beitrugen und genauso wenig zum Wohlergehen der Menschheit. Beschimpfung war noch schlimmer. Propheten waren in vielen Gestalten und in vielen Ländern zu vielen Völkern gekommen, doch ihr einziges Ziel war das Heil der Menschheit gewesen. Deshalb zolle ich ihnen allen Respekt, sagte er.

Doch dieser Respekt bedeutete nicht irgendeine Einschränkung der Endgültigkeit der Wahrheit des Islams und der Erlösungsbotschaft, die Mohammad predigte. Der Islam umfaßte sie alle.

Respekt für andere Glaubensbekenntnisse und die friedliche Propaganda der Religion wurde vielleicht am besten durch das Beispiel von Ahmads unermüdlicher Erklärung belegt, daß der *heilige Krieg* des Qur-âns kein militärischer Krieg war, der die Menschen unter Todesandrohung überzeugen sollte, daß Islam der eine und einzige Weg zum Heil war.

Dieser Glaube, sagte Ahmad, widerspräche völlig dem Wort Gottes im Qur-ân. Nirgendwo im Qur-ân hatte Gott geheißen, Bekehrung zum Islam durch irgendetwas, das über ein friedvolles Überzeugen hinausgeht, erreichen zu sollen. Alle Nationen würden am Ende die Wahrheit des Islams annehmen. Doch dies würde geschehen, weil sie es so wollten, nicht weil sie dazu gezwungen worden waren. Von einem heiligen Krieg zu sprechen war nicht nur falsch, sondern auch gefährlich, sagte Ahmad. Von einem heiligen Krieg zu reden, der die Briten aus Indien vertreiben würde, hieße, ohne Grund Unruhe zu stiften.

Seien sich die Muslime nicht im klaren darüber, wie glücklich sie seien, unter britischer Herrschaft zu leben, fragte Ahmad immer wieder. Wenn die Briten sich zurückzögen, hieße das nicht notwendigerweise, daß sie unter muslimischer Regierung leben würden. Es könnten Sikhs oder Hindus sein. Es gab noch viele Leute, die sich an die Abscheulichkeiten erinnerten, als die Sikhs den Punjab übernahmen. Das endete, als die Briten ankamen. Jetzt konnte jeder ohne Furcht seine Religion praktizieren. Und ihr Gesetz machte es zum Vergehen, andere Religionen zu beleidigen. Beleidigungen konnten Aufruhr heraufbeschwören. Und das war ein Verstoß.

Ahmads Lob für die Wohltaten der britischen Herrschaft führte zu Anschuldigungen, daß er von der britischen Regierung bezahlt würde. Diese Anschuldigungen tauchten hauptsächlich im 20. Jahrhundert auf. Es ist ein grober Fehler der Historiker und Biographen, Zustände des 19. Jahrhunderts nach Maßstäben des 20. Jahrhunderts zu beurteilen. Zu der Zeit gab es keine Massenbewegungen zur Selbstbestimmung. Gewiß existierten solche Gefühle, doch nur als Möglichkeit für die Zukunft. Für die Mehrheit der Bevölkerung war im Augenblick die tägliche Nahrungsbeschaffung das Ausschlaggebende. Und da die Britische Kolonialherrschaft gewöhnlich die Möglichkeit hatte, die bestehende Regierungsstruktur zu erhalten, hatten die meisten Inder nicht das Gefühl, unter Fremdherrschaft zu leben. Sie wurden von ihren eigenen Prinzen, Radschahs und Maharadschahs beherrscht.

Islam sei keine politische Bewegung, erklärte Ahmad. Wenn eine Regierung gut war und den Muslimen gestattet wurde, ihre Religion zu praktizieren, dann sollten sie ihr ihre Unterstützung geben. Wenn eine Regierung Fehler hatte, dann mußten diese korrigiert werden — aber nicht, um Muslime, Hindus, Sikhs oder Christen zu begünstigen.

Ebenso wie er den Islam verteidigte, als die Arya-Samaj-Sekte den Charakter Mohammads verunglimpfte, so verteidigte Ahmad auch den Charakter von Baba Nanak, dem Begründer der Sikh-Religion, als er von den Führern der Arya-Samaj-Sekte angegriffen wurde. Baba Nanak sei eine ungebildete Person, sagte der Führer der Arya-Samaj in einem neuveröffentlichten Buch. Er kannte kein Sanskrit, er spielte den gebildeten Mann aus Dünkel und erst nach seinem Tode fingen eigennützige Anhänger an, Leute davon zu überzeugen, daß er ein Heiliger sei.

Ahmad hatte den Grantha Sahib, die heilige Schrift der Sikhs studiert, wie er die Veden der Hindus und die Bibel der Christen studiert hatte, und er verteidigte die Person Baba Nanaks, der, wie er sagte, ein heiliger Mann und einer der Heiligen Gottes gewesen war.

Baba Nanak wurde im Jahre 1469 in der Nähe von Lahore in eine Hindu-Familie geboren, war jedoch in seinem Leben früh von der Einsicht Gottes überzeugt gewesen und verwahrte sich gegen den hinduistischen Polytheismus oder die Anbetung irgendeiner Person oder eines Dinges in Zugesellung zu Gott. Sein Denken war demnach im Einklang mit den Grundsätzen des Islams und gegen die vielen Götter des Hinduismus und den Glauben der Dreifaltigkeit der Christen.

Baba Nanak war ein weitgereister Mann gewesen — es wird angenommen, daß er Medina und Mekka, den Geburtsort Mohammads, besucht hat. Er starb 1539.

Ahmad widerlegte die Behauptungen gegen Baba Nanak in einem Buch, *Sat Bachan* genannt. Es gab einige Widersprüche in dem Grantha Sahib, und Ahmad machte sich daran, die historischen Tatsachen von den Zufügungen der Legenden zu trennen, die jetzt die Heiligen Schriften überkrusteten. Die Worte Baba Nanaks seien korrekt, sagte er. Es waren spätere Autoren, die ihre eigenen Ideen eingeschoben hatten.

Dies ist sicherlich die Ansicht des Gelehrten, der den Artikel über Sikhismus in der ›Encyclopaedia Britannica‹ schrieb und erklärte, daß Baba Nanak ein Muslim war, und die Trennung des Sikhismus vom Islam »stufenweise vor sich ging und ebensosehr politische Gründe hatte, wie sie auch in einer stetigen Entfernung von den Lehren des Gründers des Sikhismus begründet war.«

In der zweiten Hälfte seines Buches berichtet Ahmad über die von ihm angestellten Untersuchungen und über die Entdeckungen verschiedener Reliquien von Baba Nanak, die ihn dazu führten, zu erklären, daß Baba Nanak in der Tat ein frommer Muslim gewesen war.

Die wichtigste war ein Mantel, der als *Chola Sahib* oder Heiliger Mantel bekannt war. Er befand sich im Besitz einer Sikh-Familie in dem Dorf Dera Baba Nanak im Gurdaspur-Distrikt. Dieser Mantel, so wird von Sikhs geglaubt, soll ein direktes Geschenk von Gott an Baba Nanak gewesen sein. Seine ersten fünf Nachfolger wickelten ihn um ihren Kopf, so daß sie Weisheit daraus ziehen konnten. Dieser Brauch hielt sich bis zur Zeit von Arjan Das. Einer seiner Anhänger war Aufseher einer Baustelle in der Nähe von Amritsar gewesen, und Arjan Das war mit seiner Arbeit so zufrieden, daß er ihm eine Belohnung anbot und hinzufügte, er könne haben, was er nur wünschte.

Der Anhänger, voll Kühnheit, sagte, er wünsche sich den Chola-Sahib-Mantel, den der Guru gerade um den Kopf gewickelt trug. Da Arjan Das nach dem Wunsch gefragt und da sein Anhänger ehrlich darauf geantwortet hatte, gab er ihm den Mantel. Im Laufe der Zeit gelangte er in die Hände der Nachfahren Baba Nanaks.

Nach einleitenden Erkundigungen von vieren seiner Anhänger, ging Ahmad nach Dera Baba Nanak. Ahmad bat, den Mantel von seinen Hüllen zu befreien. Der Wächter zögerte. Dies war etwas, was ihm nie zuvor aufgetragen worden war. Aber Ahmad bestand darauf. Er wollte die Schrift sehen, die, wie man sagte, auf den Mantel gestickt war. Schließlich stimmte der Wächter des Mantels zu, holte den silbernen

Schlüssel für das Schloß, und erlaubte es, den Mantel auszuwickeln.

Der Mantel war in etwa dreihundert Decken von Seide, Baumwolle und feiner Wolle eingewickelt. Einige von ihnen trugen den Namen und die Beschreibung des Stifters. Diese wurden sorgfältig, eine nach der anderen entfernt, bis etwa eine Stunde später der Mantel ausgebreitet vor ihnen lag. Zu Ahmads großer Freude waren auf ihn die Worte eingestickt, die er erhofft hatte. Sie bildeten das Glaubensbekenntnis des Islam: ›Niemand ist anbetungswürdig außer Gott, und Mohammad ist der Gesandte Gottes‹.

Mehrere Verse aus dem Qur-ân, einschließlich der gesamten Sure Fāteha, waren auch auf den Mantel gestickt. Eine Skizze des Mantels wurde angefertigt, die genau zeigte, wo sich die Verse befanden.

Einige Zeit später untersuchte Ahmad eine andere authentische Reliquie Baba Nanaks, die sich in dem Dorf Gura Har Sahai im Distrikt Ferozepore befand. Wiederum war sie in viele Stoffhüllen aus Seide und Baumwolle eingewickelt. Als diese entfernt waren, erschien die Reliquie als ein Qur-ân in besonders kleiner Ausgabe, die speziell für Reisende gemacht wurde. Sie war entworfen, um über die Schulter gehängt zu werden. In Urdu ist sie als *Hima-il-Sharif* bekannt.

Ahmads Untersuchungen dieser Reliquien waren nicht alleiniger Grund dafür, daß er in der Lage war, kategorisch zu behaupten, daß Baba Nanak ein muslimischer Heiliger war. Er hatte Guru Baba Nanak in einer Vision gesehen, sagte er, und hatte mit ihm gesprochen. Guru Nanak hatte ihm erzählt, daß er ein Muslim sei, weil Islam die wahre Religion sei.

Kapitel 19

Die Bande werden geschmiedet

Vierzig Leute waren im März 1889 den Bund der Ergebenheit zu Ahmad in Ludhiana eingegangen. Sieben Jahre später, im Jahre 1896, betrug die Anzahl der Anhänger Ahmads 313. Dies bedeutete, daß er in sieben Jahren nur weitere 273 neue Anhänger dazubekommen hatte, also ca. 40 neue Anhänger pro Jahr.

Sein zweiter Sohn, Mirza Bashir Ahmad, schrieb später, daß dies eine Periode großer Härten für die Gemeinde gewesen war. »In diesem Zeitraum, als sie schwerer Opposition von allen Seiten gegenüberstand, ging ihr Wachstum so langsam vor sich, daß die Gegner hoffnungsvoll einen baldigen Zusammenbruch erwarteten. Dies war eine Zeit großer Besorgnis und Qual auch für den Verheißenen Messias. Der schneckengleiche Fortschritt der Gemeinde war eine marternde Erfahrung für seine sich schnell bewegende Seele. Aber er wußte, daß dies bei jedem Reformer der Fall ist und daß es kein Entrinnen von dieser harten Prüfung gab, welche für die Festigung und den Glauben der Gemeinde nötig war.«

Die erste Versammlung seiner Anhänger hatte am 27. Dezember 1891 stattgefunden. Die Anzahl der Leute, die daran teilnahmen, war gering — zwischen 75 und 80 —, aber sie war ein so großer Erfolg, daß Ahmad am letzten Tag bekanntgab, daß von nun an jedes Jahr eine Versammlung in Qadian stattfinden werde.

Jeder sollte besondere Anstrengungen machen, teilzunehmen, sagte er. »Solche Wahrheiten und Worte der Weisheit werden während dieses Treffens gehört werden, wie sie für die Zunahme an Glauben, Überzeugung und Wissen vonnöten sind. Freunde sollen Anspruch auf besondere Gebete und besondere Fürsorge haben, Anstrengungen sollen vor dem Gnädigsten Gott unternommen werden, daß Er sie zu Sich Selbst heranzieht, und sie annimmt und ihnen große Gunst gewährt.«

Es gäbe einen weiteren Vorteil durch solch ein jährliches Treffen, fügte Ahmad hinzu. Jedes Jahr würden Leute neue Konvertiten sehen und treffen und diese persönliche Bekanntschaft würde sich zu Freundschaft und Liebe entwikkeln. »Wir werden durch Gebete jede Anstrengung unternehmen, das Band einer spirituellen Einheit zwischen allen herzustellen und jede Mauer von Entfremdung, Entfernung und Unterschied zu entfernen.«

Auf der zweiten Versammlung war die Zahl der Anwesenden auf 500 gestiegen – trotz der Opposition von muslimischen Geistlichen, die erklärten, daß so ein Treffen eine Sünde sei. Mehr als 300 Besucher kamen von außerhalb des Punjabs. Um sie unterzubringen, wurde in aller Eile eine Anzahl von Gebäuden errichtet, welche im Laufe der Jahre durch größere und dauerhaftere ersetzt werden sollten.

Eine Anzahl von Entscheidungen wurde auf dieser Versammlung getroffen, die, obwohl sie zu der Zeit mehr administrativ als religiös erschienen, das Fundament der weltweiten Ahmadiyya-Gemeinde bildeten. Die Gemeinde beschloß, ihren ersten Missionar, Sayed Muhammad Ahsan, zu finanzieren und in Qadian eine Druckerpresse einzurichten. Sie sollte Handzettel drucken, dann Broschüren und schließlich eine Zeitung. Auf einer späteren Konferenz wurde auch entschieden, eine Schule in Qadian zu gründen.

Diese drei Entscheidungen sollten die Grundsteine sein, auf denen sich der Erfolg der Ahmadiyya-Gemeinde gründen sollte. Die Ausbildung der Kinder aller Mitglieder durch Spenden von jedem Mitglied bedeutete für die Zukunft eine wohlhabendere Gemeinde.

Die Bezahlung von Missionaren bedeutete, daß der Islam

wiederum Anhänger warb. Die Entscheidung, eine Druckerpresse einzurichten, bedeutete, daß Islam neue Technologien anwendete, um die Welt zu bekehren.

Ein Resultat dieser Entscheidung war Ahmads Einverständnis, daß ein Photo von ihm gemacht werde, damit Menschen, die er nie treffen würde, sehen könnten, wie er aussah. Islamische Fundamentalisten hatten erklärt, daß Photographen abgöttisch seien, weil es das Machen von Ebenbildern einschloß. Ahmad wies diesen Einwand zurück. Es war nur götzendienerisch, wenn die Absicht darin bestand, daß das Ebenbild angebetet werden sollte.

Der Photograph hatte eine ganz bestimmte viktorianische Vorstellung, wie ein Bild auszusehen habe. Er sagte Ahmad wiederholt, er solle seine Augen weiter aufmachen und aufmerksam in die Kamera schauen, doch Ahmad hielt sich an das Gebot des Qur-âns gegen ein »bewußtes Starren« und hielt seine Augenlieder halb geschlossen. Schließlich gab der Photograph auf.

Er nahm andere neue technische Errungenschaften genauso begeistert auf. Nur wenige Jahre, nachdem Edison das Grammophon erfunden hatte, experimentierte Ahmad bereits damit als einem Mittel, die Botschaft des Islams zu verbreiten.

Ahmad war fest entschlossen, daß nichts, was mit ihm in Zusammenhang gebracht werden konnte, jemals zum Objekt der Verehrung verwandelt werden sollte. Schon früh hatte ein Anhänger eines seiner Hemden erhalten. Ahmad verlangte es nicht zurück, bestand aber darauf, daß beim Tod des Mannes das Hemd mit ihm beerdigt und damit zerstört werden solle. Es gab nur einen Gott und zu Ihm allein konnten Gebete vorgebracht werden.

Die auf der Konferenz beschlossenen Neuerungen wurden von den Mitgliedern der Ahmadiyya-Gemeinde finanziert. Es gab keine fabelhaft reichen Leute unter ihnen. Unter ihnen waren Ärzte, lokale Regierungsbeamte, kleine Landbesitzer,

Kaufleute verschiedener Arten, doch die Mehrheit waren einfache Beschäftigte. Viele waren sehr arm, doch jeden Monat zahlte jedes Mitglied eine bestimmte Summe. Es war gleichgültig, wie wenig ein Mitglied erübrigen konnte, vielleicht gerade ein winzige Münze pro Monat, doch es mußte eine regelmäßige Summe in jedem Monat sein. Später gab jedes Mitglied einen prozentualen Anteil seines Einkommens.

Finanzielle Verwaltung war jetzt notwendig geworden, denn bis dahin hatten Mitglieder und Gäste soviel für ihr Essen und Unterkunft gegeben, wie sie wollten. Das mochte genügen, ihren Aufenthalt zu decken. Oder es mochte so wenig sein, daß es nicht einmal für ihr Essen ausreichte. Ahmads Familieneinkommen deckte den Rest. Als ihm einmal gesagt wurde, daß kein Essen für ihre Gäste vorhanden war und auch kein Geld, etwas zu kaufen, schickte er einen Boten zu seiner Frau. Der Bote kehrte mit einem Stück Schmuck zurück, das man versetzte, um Essen zu kaufen.

Plötzlich wurde aus den vereinzelten Leuten, die nach Qadian kamen, um ihm zuzuhören, eine Flut. Um 1900 gab es 70, 80, manchmal sogar 100 Besucher am Tag in Qadian. Die meisten blieben mehrere Nächte in den Gästehäusern, die ständig zunahmen und erweitert wurden.

Die Zahl seiner Anhänger stieg ebenso dramatisch. Ahmad sagte, daß sie um 1900 mehr als 30000 zählten. Zwei Jahre später leisteten 500 Menschen am Tag den Treueeid! Seine vor mehr als 20 Jahren gemachte Prophezeiung, daß die Straßen nach Qadian sich durch die Menschen, die kamen, ihn zu sehen, in Furchen verwandeln würden, erwies sich als korrekt.

Einmal sah Ahmad zufällig einen Zimmermann, der ein Brett für ein Gebäude polierte. Das sei nicht nötig, sagte er zu ihm, die Hautpsache sei, ein Gebäude zu errichten, so daß die Leute darin schlafen könnten. Luxus sei nicht nötig.

Zwischen 50 und 60 Frauen kochten und reinigten für die Gäste und für die 150 Jungen, die jetzt die Schule besuchten. Es gab nicht genügend Klassenräume, so daß viele Schulstunden im Freien abgehalten wurden, die Buben auf dem Boden sitzend. In der Druckerei arbeiteten ca. 15 Männer.

Kapitel 20

Demut, Liebe und Mut

Was hatte diese Wandlung hervorgebracht? Es hat große Prediger, große religiöse Führer in vielen Ländern und in vielen Sprachen gegeben, doch das Licht ihrer Redekunst hatte hell geleuchtet, wurde im Laufe der Jahre schwächer, flackerte noch einmal hell auf, als der Stumpf der Kerze verschwand, dann... Dunkelheit.

Was war anders mit Ahmad?

Der erste wesentliche Unterschied war seine totale, niemals schwankende Überzeugung, daß er der Verheißene Messias war. Er war Gottes Bote, sagte er. Gleichgültig, wer sich ihm in den Weg stellte, gleichgültig, wie wenige bei ihm standen, gleichgültig, ob alle ihn verließen, er würde mit der Aufgabe, die Gott ihm gegeben hatte, fortfahren.

Muslimische, hinduistische und christliche religiöse Führer hatten sich vereinigt, um ihn zu verdammen, doch gewöhnliche Leute scharten sich zusammen, ihn zu hören. Um seinen Erfolg zu verstehen und den anhaltenden Erfolg der Ahmadiyya-Gemeinde, muß man seinen Charakter in Betracht ziehen, seine Taten, die Prinzipien, nach denen er sein Leben ausrichtete und deren Einhaltung er seinen Anhängern nahelegte. Nach ihnen sollten sie ihr Leben ausrichten, wenn sie Mitglieder der Ahmadiyya-Gemeinde sein und Erfolg haben wollten, alle Religionen im Islam zu vereinigen.

Die Eigenschaften, die er pries, waren Liebe, Gastfreundschaft, Toleranz, Geduld und Mitgefühl. Er hielt Einfachheit und Fleiß für bedeutende Eigenschaften. »Die Menschen, die ein Leben in Einfachheit führen, sind mir sehr lieb«, sagte er. Er verurteilte Stolz, Hartherzigkeit und die Liebe zum Luxus.

Ahmad wurde nicht plötzlich ein leistungsfähiger Manager

von Menschen und Geld. Noch überzeugte er Leute mit den Fallen weltlichen Erfolgs, reichem und exotischem Essen, eleganter Kleidung und vornehmer Hauseinrichtung.

Es waren sein Charakter, die Worte, die er sprach, und das Leben, das er führte, welche sie überzeugten, daß er tatsächlich der Verheißene Messias war. Seine Anhänger nannten ihn »Hazrat«, »Seine Heiligkeit«, als Zeichen von Liebe und Verständnis. Und er, als Antwort, sprach sie höflich mit »meine Brüder« an.

Nur bei einer einzigen Gelegenheit bat er um ein ganz bestimmtes Kleidungsstück – und das, weil er sich fürchtete, daß jemand sich verletzt fühlen könnte. Er sah eine der Mägde, die ziemlich verstört dreinschaute, einen Herrenmantel über dem Arm tragend. Er fragte, was los sei, und sie antwortete ihm, sie solle diesen einem seiner Anhänger im Auftrage dessen Onkels geben. Doch habe dieser den Mantel mit den Worten zurückgewiesen, er habe kein Interesse daran, anderer Leute abgelegte Kleidung zu tragen.

»Gib ihn mir«, sagte Ahmad. »Richte dem Onkel des Jungen aus, sein Neffe dachte, mir damit eine Freude machen zu können. Wenn es ihm nichts ausmacht, werde ich ihn behalten und tragen.« Auf diese Weise würde des Jungen Onkel nicht verletzt durch die Zurückweisung seines Geschenkes, fügte er hinzu.

Es war nicht so, daß Ahmad nicht an Kleidung interessiert war – er ließ sie unbeachtet. Sein Sinn war auf anderes gerichtet. Häufig brachte er die Knöpfe seiner Weste in die falschen Knopflöcher. Wenn er die Knöpfe verlor – durch die Abnutzung – bemerkte er, zur Belustigung seiner Begleiter, daß Westenknöpfe eine Zeitverschwendung waren.

Einmal bekam er ein Paar westliche Schuhe geschenkt, die speziell der Form des rechten und linken Fußes angepaßt waren. Ahmad kennzeichnete sie so, daß er mit einem Blick wußte, welcher links und welcher rechts war. Trotzdem zog er sie falsch herum an. Dies war für ihn eine Zeitvergeudung an etwas, das ohne Bedeutung war, und er kehrte bald zu den einfachen Schlupfsandalen zurück, die er sein ganzes Leben lang getragen hatte.

Ahmad trug eine Kappe unter seinem weißen Turban. Nachdem er die Waschung vor dem Gebet gemacht hatte, bat er einmal die Tochter des Freundes, in dessen Haus er war, ihm seine Kappe aus dem Raum zu holen, in dem er seine Waschung verrichtet hatte. Die Tochter ging hinein, sah sich um, konnte aber nur eine alte, abgetragene Kappe sehen, die, dessen war sie sicher, nicht seine sein konnte.

Sie kam zurück und sagte, die Kappe sei nicht da. Ahmad sagte, er sei sicher, daß er sie dort gelassen hatte. Dreimal ging die Tochter zurück und suchte, jedesmal die alte Kappe außer acht lassend. Schließlich ging Ahmads Sohn hin und kehrte augenblicklich mit der alten Mütze zurück. Sie konnte sich nicht vorstellen, erzählte das Mädchen Freunden gegenüber später, daß Ahmad solch eine alte Kappe hatte und ein so einfaches Leben führte, daß für ihn derartige Dinge keine Bedeutung hatten.

Einmal klagte er Hamid Ali, seinem Diener, er verspüre seit drei Tagen Schmerzen in seinen Rippen, sobald er sich hinsetze. Irgendetwas in seinen Kleidern müsse ihn zwicken, sagte er. Der überraschte Hamid Ali strich seine Hände über Ahmads Kleidung und zog aus seiner Westentasche ein Stück Ziegelstein. Vielleicht sei es das, was ihn geschmerzt habe, meinte er etwas spöttisch.

Ahmad lächelte. »Ach ja, ich erinnere mich«, sagte er. Sein Sohn Mahmud habe es ihm in die Tasche gesteckt und ihn gebeten, es für ihn aufzubewahren. Er sagte, er wolle vielleicht eines Tages damit spielen.

Der kleine Raum, in dem er schlief und arbeitete, war immer noch leer und spartanisch. Einige Besucher wurden eines Tages hereingeführt, als Ahmad sich nicht wohl fühlte.

Ahmad saß auf seinem holzgerahmten Charpoy, umgeben von seinen Papieren und Büchern. Es gab keine Stühle und sie mußten auf einer grün bemalten Holzkiste, einer metallenen Truhe und auf dem Fußboden sitzen. Nicht einmal eine Matte habe auf dem Fußboden gelegen, erinnerte sich einer von ihnen, und die Steppdecke auf dem Bett sei zerrissen gewesen, überall die Füllung herausschauend.

Manchmal kehrte er nicht in sein Zimmer zurück, um zu schlafen. Einer seiner Anhänger erinnerte sich, eine ganze Nacht hindurch mit Ahmad auf dem flachen Dach der Moschee gesessen zu haben. Nach einiger Zeit wickelte Ahmad ein Laken um seinen Körper und legte sich auf dem kahlen, harten Boden hin. »Die Leute glauben, sie können nicht ohne Bett schlafen. Durch Gottes Güte genieße ich einen guten Schlaf, selbst auf dem Fußboden,« sagte er. »Heiligkeit und Vorliebe für Luxus können nicht zusammen gehen.«

Seinen Begleitern schien es jedoch, daß Ahmad kaum länger als fünf Minuten ohne Unterbrechung schlief. Dann pflegte er seine Augen zu öffnen, »Aller Preis gehört Allah« zu murmeln und wieder einzuschlafen.

Während der Debatte mit Athim waren Ahmad und seine Anhänger auf das Dach des Hauses gegangen, in dem sie untergebracht waren, und Ahmad ließ sich auf einer kleinen Matte im Schatten einer Wand nieder. Der Hausbesitzer, peinlich berührt, daß sein verehrter Gast so unbequem saß, sagte, er würde ihm einen baumwollenen Teppich bringen, auf dem er sich ausruhen könne.

Ahmad lehnte das ab. »Ich habe mich nicht niedergelassen, um zu schlafen. Der Schlaf ruft nur Hindernisse hervor. Dies sind keine Tage zum Schlafen.«

Er war ebenso gleichgültig dem Essen gegenüber. In einer Stadt, in der er an einer Versammlung teilnahm, arbeitete er an seinen Notizen bis spät in die Nacht. Erst dann bemerkte er, daß er hungrig war. Seit dem Frühstück hatte er nichts zu sich genommen. Seine Anhänger waren bestürtzt. Sie hatten vergessen, ihm etwas zu essen zu bringen. Alle anderen hatten schon vor Stunden gegessen, es war kein Essen mehr im Haus, die Märkte waren geschlossen.

Ahmad zuckte die Achseln, lächelte und sprach, es sei nicht wichtig, er sei sicher, es gäbe noch einige Brotstücke in den Körben, wovon alle gegessen hatten. Er ging in das Eßzimmer, stöberte eine Weile herum und kehrte dann triumphierend mit drei oder vier Brotstücken zurück. Dies reiche ihm völlig, sagte er, und ging wieder hinauf, um mit seiner Arbeit fortzufahren.

Diese anspruchslose Lebensweise sollte von seinen Anhängern verschiedentlich in Erinnerung gerufen werden. Abdul Karim berichtet, daß er sich eines Nachmittags in Ahmads Zimmer aufhielt. Es war die heiße Zeit und die meisten Leute schliefen am Nachmittag wegen der drückenden Hitze. Er legte sich auf Ahmads Charpoy in der Absicht, sich nur einige Minuten auszuruhen, doch er fiel in tiefen Schlaf. Als er aufwachte, fand er Ahmad am Fußende auf dem kahlen Boden sitzend. Abdul Karim war verständlicherweise verwirrt.

Ahmad wies seine Entschudigungen zurück. »Ich habe nur eine Weile Wache gehalten, weil die Kinder draußen so viel Lärm machten und Du offensichtlich sehr müde warst«, sagte er.

Ein anderes Mal, als Ahmads Diener nicht da war, fragte ein Anhänger, ob er über Nacht bleiben könne, so daß er Ahmad zur Hand gehen könne. Er setzte sich hin, bereit, auf irgendeine Bitte zu reagieren. Doch anstelle zu dienen, fand er, daß er bedient wurde. Es war Ahmad, der Wasser für die Waschungen vor dem Gebet holte, es war Ahmad, der zwei Gläser Milch vor dem Zubettgehen brachte. Als er protestierte, daß er diese Dinge holen wollte, um ihm zu helfen und ihm Zeit zu lassen für wichtigere Arbeit, antwortete Ahmad, das sei belanglos, er wüßte, wo die Dinge zu finden waren.

Eines Abends, als ein Begleiter und Gäste über ihre Vorlieben für Pickles und ihre Abneigungen dagegen sprachen, stand er plötzlich auf und verließ den Raum. Er kehrte mit einem Glas Pickles zurück, von denen einer gesagt hatte, daß er sie besonders gern esse.

Warum habe er nicht einen Diener beauftragt, es zu holen, fragte ein Gast. Ihm wurde gesagt, daß Ahmad nicht dachte, er sei mehr als ein anderer. Er verhielt sich niemals als der Meister, der nur Anordnungen ausgab. Wenn Betten, Stühle oder Kisten umgestellt werden mußten und Ahmad zufällig vorbeikam, konnte ein Diener häufig Ahmad am anderen Ende des Bettes finden.

Als eine Pest Indien heimsuchte, trug Ahmad dafür Sorge, daß die Hygienevorschriften der Regierung streng befolgt wurden – einschließlich der Beratung der Frauen, zur ärztlichen Untersuchung aus ihrer Abgeschlossenheit herauszukommen. Er half auch, den Hof zu fegen und goß Desinfektionsmittel in die Abflußgräben um das Haus. In Hindu-Haushalten wurde das Reinigen der Abflüsse und das Fegen meistens von einer besonderen Kaste unternommen – den Unberührbaren.

Ein Gast traf spät nach Mitternacht ein, als alle schon schliefen. Ahmad und ein Träger antworteten seinem Klopfen. Ahmad bat ihn, sich zu setzen, brachte ihm ein Glas Milch und sagte, er solle es sich bequem machen, während er und der Träger ein Bett herrichten würden. Der Gast wartete beträchtliche Zeit, und dann, durch ein hämmerndes Geräusch neugierig geworden, folgte er dem Lärm zu dessen Quelle.

Er stieß auf Ahmad und den Träger, die eilig dabei waren, den Rahmen für ein Charpoy aufzuschlagen. Alle Betten waren in Benutzung, und da er die Leute, die sich gewöhnlich um solche Angelegenheiten kümmerten, nicht in ihrer Nachtruhe stören wollte, hatte Ahmad dem Träger gesagt, sie würden selbst das Bett zusammenbauen, während der Gast wartete.

Seine Gastfreundschaft wurde genau so bekannt wie seine Demut. Wenn Gäste ankamen, erkundigte er sich immer, welche Art von Essen sie bevorzugten, was sie nicht mochten und welche Besonderheiten sie hatten in bezug auf ihre Schlafgewohnheiten. Einmal waren einige Gäste eingetroffen und die Träger, die gerade etwas anderes zu tun hatten, sagten ihnen nicht gerade höflich, sie sollten ihr eigenes Gepäck selbst von dem Karren abladen. Die Gäste waren beleidigt, setzten sich wieder auf den Karren und fuhren davon. Als er hörte, was geschehen war, lief Ahmad ihnen zu Fuß nach. Nach etwa drei Kilometern hatte er sie eingeholt. Er entschuldigte sich für den unüberlegten Empfang, den sie erhalten hatten, und begleitete sie zurück nach Qadian, wo er selbst dabei half, das Gepäck abzuladen.

Ahmad verwies seine Diener nicht unverzüglich. Dies war niemals seine Methode. Einige Tage später jedoch sagte er in der Moschee, alle müßten mehr das Willkommen beachten, das sie Leuten, die nach Qadian kamen, entgegenbrachten. Wenn jemand viele Kilomter gereist war und Strapazen der Reise erduldet hatte, dann war es eine Erleichterung, endlich am Ziel anzukommen. Wenn sie nicht mit einem herzlichen Willkommen empfangen würden, wäre das eine große Enttäuschung. Jeder solle deshalb sein Bestes geben, daß keiner ihrer Gäste jemals enttäuscht werden würde.

Einer der Gäste, ein bekannter religiöser Führer, erkrankte ernsthaft und schien dem Tode nahe. Um Mitternacht ging einer der Begleiter zu Ahmads Haus. Es lag in absoluter Dunkelheit. Er ging um die Ecke herum, wo sich Ahmads Schlafzimmer befand und rief nach ihm. Ahmad entwortete. Als der Begleiter ihm sagte, wie schwer krank der religiöse Führer war, betete Ahmad still. Dann mischte er ihm Medizin zurecht und sagte: »Gib ihm diese zu trinken. Gott wird ihn erhalten.«

Am nächsten Morgen befand sich der Gast auf dem Wege der Besserung. »Gebet ist die wirkliche Waffe im Zeughaus eines Gläubigen«, sagte Ahmad dem Gefährten. »Die Medizin war nur ein Linderungsmittel.«

Ahmad aß häufig mit den Gästen, um sicher zu gehen, daß ein richtiger Standard im Kochen und Bedienen eingehalten wurde. Er pflegte selber wirklich nur wenig zu essen, sich aber stattdessen laufend bei der Bedienung der Gäste einzuschalten und sie mit frisch gebackenem Brot zu versorgen. Dann konnte er ein wenig an kleinen frischen Brotstücken herumnibbeln, für den Fall, daß ein Gast bemerkt hatte, daß er sein Mal schon beendet hatte, und darob zu verlegen war, weiter zu essen.

Auch morgens war er gleichermaßen höflich und gastfreundlich. Trotz der Hunderten von Leuten, die jetzt da waren, war er stets der erste, die islamische Grußformel »Friede sei mit Dir« zu gebrauchen.

Wenn ein Gast abreiste, verabschiedete Ahmad sich von ihm, als ginge ein sehr geliebter Verwandter fort. Er machte es sich zur Aufgabe, da zu sein, um auf Wiedersehen zu sagen, und pflegte ihn aufzufordern, doch bestimmt wieder zu kommen. Einige von ihnen stellten unerwartete Ansprüche. Ahmad besaß einen kleinen Qur-ân, an dem er besonders hing. Einer der Gäste sagte, er würde ihn gern als Andenken an Ahmad mitnehmen. Ahmad gab ihn ihm ohne Zögern. Als er gefragt wurde, warum er das getan hatte, sagte er: »Ich hatte ihn sehr gern, aber ich dachte an den Vers aus dem Heiligen Qur-ân, der besagt, wenn Du um einen Gefallen gebeten wirst, sollst Du die Bitte nicht mißachten. Deshalb gab ich ihm den Qur-ân.«

Kapitel 21

Der Wert des Gebetes

Ahmads Großzügigkeit und Mildtätigkeit beschränkte sich nicht auf seine Anhänger oder andere Muslime. Es gab keinen Arzt in Qadian, und das Landvolk kam deshalb zu Ahmad, um Medizin zu bekommen. Sie kamen ohne vorherige Ankündigung, klopften zu jeder Tageszeit an seine Tür. Ein Freund Ahmads, der ihn beobachtete, sagte ihm, daß er an jenem Tag drei Stunden damit zugebracht hatte, Medizin zu verteilen. Ahmad bezahlte gewöhnlich auch die Hausbesuche eines Arztes und kam für die Medikamente auf.

Ein Zehntel einer jeden Geldsumme, die er erhielt, legte er beiseite, um sie für Mildtätigkeiten auszugeben. Gewöhnlich, so erinnerte sich seine Frau, gab er viel mehr als ein Zehntel für Mildtätigkeiten aus. Es sei eine gute Idee, sagte er seinen Anhängern, das Zehntel in der Tat beiseite zu legen, so daß es nicht als Geld angesehen würde, das zur Verfügung stand. Sonst, wenn Ausgaben höher als vorgesehen waren, seien es diese mildtätigen Zehntel, die dahingingen.

An einem Wintertag bemerkte der Postbote, der Briefe brachte, wie kalt es sei und daß er keinen Mantel habe. Ahmad verschwand sofort und kam mit zwei Mänteln zurück. »Welchen möchtest Du haben?« fragte er. Der Postbote sagte, er möchte beide. Also gab Ahmad ihm beide Mäntel.

Es fiel ihm schwer, jemanden zurechtzuweisen, selbst wenn ein Verweis verdient war. Als eine Magd beim Stehlen von Reis ertappt wurde, entbrannte ein Geschimpfe und Geschreie. Ahmad kam zufällig vorbei und als er den Grund davon hörte, sagte er sanft: »Nun wohl, vielleicht benötigte sie den Reis dringender, als wir wissen können. Wir sollten sie deshalb nicht zu hart verurteilen. Übt euch im Vergeben, welches ein Attribut Allahs ist.«

Einmal bat er Nurud Din, die erste Person, die ihm Treue geschworen hatte, um sein Urteil über ein Gedicht, das er geschrieben hatte. Er bat ihn, es seinem Sekretär zu übergeben, wenn er damit fertig sei. Nach einiger Zeit wandte sich der Sekretär, der wußte, daß der Drucker wartete, an Nurud Din und bat um das Gedicht. Nurud Din wurde fahl, durchsuchte seine Kleidung und mußte eingestehen, daß er es verloren hatte. Als Ahmad davon unterrichtet wurde, erwartete Nurud Din einen Verweis, doch alles, was Ahmad sagte, war, daß er sicher sei, Gott werde ihn ohne Verzögerung mit einem besseren Gedicht versorgen.

Er gab dieselbe Antwort einige Jahre später. Sein Sohn Mahmud, damals vier Jahre alt, hatte eine Streichholzschachtel entdeckt und kam zusammen mit einigen Freunden in Ahmads Zimer. Er begann mit den Streichhölzern zu spielen und setzte schließlich einige Manuskripte in Brand. Der Raum füllte sich mit beißendem Rauch, aber das Feuer brannte auf dem Kachelboden von selbst aus. Die ganze Zeit über fuhr Ahmad mit seiner Arbeit fort. Er hatte nichts bemerkt.

Dann begann er die Seiten zu suchen und ein Junge erzählte ihn, was geschehen war. »Gut«, sagte er lächelnd, »vielleicht war es richtig so. Gott in Seiner Gnade mag uns zu einem besseren Thema leiten.«

Er war gleichermaßen ohne Kenntnis davon, wenn Essen gebracht wurde – oder verschwand. Es wird berichtet, daß man ihm einmal eine Mahlzeit brachte, während er arbeitete. Ein Hund kam herein, fraß das Essen und verschwand wieder.

Leute kamen ununterbrochen an seine Tür. Eins seiner Kinder kam 20 mal herein. Draußen war das Lachen und die Unterhaltung der Leute, die in den Gästehäusern arbeiteten. Wie konnte er sich dabei konzentrieren, wurde er einmal gefragt.

»Ich kümmere mich nicht um das, was um mich herum vor sich geht, so bin ich nicht gestört dadurch«, sagte er.

Ahmad zeigte Sanftmütigkeit und Vergebung ohne Ausnahmen. Hamid Ali, sein Diener, steckte einmal einige wertvolle Einschreibebriefe in seine Tasche, um sie zur Post zu bringen. Sie fielen auf den Boden, als er Abfall ausleerte. Ein Kind fand sie und brachte sie zu Ahmad. »Du wirst langsam ein bißchen vergeßlich, Hamid Ali«, sagte Ahmad sanft.

In der Menge, die nach Qadian kam, gab es natürlicherweise viele Zweifler. Ein religiöser Gelehrter sagte, er sei von einer bestimmten Gruppe ernannt worden, Ahmads Ansprüche zu untersuchen. Er sprach in einem blumigen und weitschweifenden Stil, Worte benutzend, die ausgesucht erschienen, die Hörer zu beeindrucken anstatt seine Meinung zu vermitteln. An einem Punkt unternahm er einen persönlichen Angriff auf Ahmad, indem er abfällige Bemerkungen über den Punjabi-Akzent machte.

Ein afghanischer Adliger und Gelehrter, Sahibzhada Abdul Latif, der sich zu der Zeit in Qadian aufhielt, wurde sehr wütend und begann Persisch zu sprechen, welches der Ankömmling nicht verstand. Ahmad saß neben Sahibzhada Latif und hörte den Ärger in seinen Worten. Er nahm seine Hand in die eigne und hielt sie fest und zwang auf diese Weise Sahibzhada, die Beleidigungen schweigend mit anzuhören.

Sahibzuada Latif sagte später, die Beleidigungen seien so unverschämt gewesen, daß er sich selbst kaum hätte beherrschen können, den Mann tätlich anzugreifen, hätte nicht Ahmad dafür gesorgt, daß er sich nicht bewegen konnte, indem er seine Hand festhielt.

Ahmad bemerkte, »Gebete sollen selbst für Ungläubige gesagt werden... Dies reinigt das Herz, öffnet es und verleiht ihm Mut. Solange nicht die Mitglieder dieser Gemeinde diese Haltung annehmen, gibt es kaum einen Unterschied zwischen ihnen und den anderen Muslimen. Für mich ist dies sehr wichtig... die Größe Gottes liegt in der Vergebung für die Gottlosen zusammen mit den Rechtschaffenen.«

Zu anderer Zeit betonte er, daß nicht jede Boshaftigkeit es verdient, bekämpft zu werden, und daß stattdessen Verzeihung geübt werden solle – wie es vielleicht im Falle des gestohlenen Reises angezeigt gewesen war. »Seid geduldig. Seid duldsam,« sagte er. »Haltet eure Erregung unter Kontrolle. Wenn ihr eine Diskussion oder Gespräche über religiöse Angelegenheiten beginnt, sollen höfliche Ausdrücke gebraucht werden und achtbares Verhalten angenommen werden. Wenn jemand grob zu euch ist, verabschiedet euch und verlaßt den Raum sofort. Wenn schlechte Worte gegen euch gebraucht werden, dann seid vorsichtig – zahlt nicht mit gleicher Münze heim. Dummheit soll nicht mit Dummheit erwidert werden.

So schließt die Person aus eurer Mitte aus, die ein Sinnbild von Gottlosigkeit, Schaden, Zerstörung und Übel ist. Das Mitglied unserer Gemeinde, das nicht mit Armut, Frömmigkeit, Güte, Duldsamkeit, Höflichkeit und achtbarem Verhalten leben kann, soll sich entfernen, weil unser Gott nicht wünscht, daß er unter uns bleibt. Laßt euch deshalb warnen, seid gut im Herzen und nehmt Demütigkeit und Wahrheits- liebe als eure Lebensart an.«

Ahmad praktizierte, was er predigte. Bei einer Gelegenheit in Lahore waren er und ein Hindu-Gelehrter in eine Diskussion verwickelt, als ein anderer Hindu hinzukam und anfing Ahmad in Gassensprache herabzusetzen. Der Hindu-Gelehr- te schämte sich seines Glaubensbruders und gebot ihm einzu- halten, doch Ahmad gab zu verstehen, daß er nur fortfahren möge.

Ahmad hörte still zu, mit seiner Hand vor seinem Mund. Manchmal steckte er das Ende seines Turbans in seinen Mund. Endlich war sein Ankläger still. Ahmad sagte dann: »Bruder, wenn Du noch mehr sagen willst, dann, bitte, sprich weiter.«

Doch der Mann erhob sich und ging weiter.

Der Hindu-Gelehrte war von Ahmads Selbstbeherrschung tief beeindruckt und erzählte häufig davon. »Wir haben von der Demut Christi gehört. Jetzt habe ich mit meinen eigenen Augen dergleichen mitangesehen.

Es ist unmöglich, daß solch ein Mensch nicht Erfolg haben wird.«

Als Ahmad über seine Verweigerung, sich zu ärgern, wenn Leute ihn herabsetzten, befragt wurde, erwiderte er: »Ich habe solche Kontrolle über mich selbst und Gott hat mich zu solch einem Muslim gemacht, daß selbst, wenn eine Person mich ein Jahr lang in schmutzigster Sprache beleidigt, er selbst letztendlich derjenige sein wird, der beschämt ist und zugeben wird müssen, daß er mich nicht vertreiben oder besiegen konnte.«

Er trieb seine Anhänger zu der gleichen Geduld und Selbstkontrolle an. »Es ist eure Pflicht, geduldig zu sein«, sagte er ihnen. »Ein Zweig überragt niemals den Baum. Bedenkt, wie lange sie euch beschimpfen können. Am Ende werden sie müde werden. Ihre schmutzige Ausdrucksweise, Verschwörungen und Possen werden mich niemals ermüden. Wenn ich nicht von Gott beauftragt worden wäre, dann vielleicht könnte ich mich vor ihren Beschimpfungen fürchten. Aber da ich sicher bin, daß ich von Gott erwählt bin, warum denn sollte ich mich um solche billigen Dinge kümmern?

Wer ist durch diese Beschimpfungen zu Schaden gekommen? Sie oder ich? Ihre Anhänger haben abgenommen, während meine sich vermehrt haben. Wenn ihre Ansprüche irgendeinen Wert hätten, wie kommt es dann, daß meine Gemeinde sich so vermehrt?«

Er zeigte die gleiche Selbstbeherrschung, als einmal ein muslimischer Gelehrter, der sich in einem der Gästehäuser aufhielt, ihn fast drei Tage lang persönlich angriff, wann immer es zu einer Diskussion kam. Als ihm einmal auf eine

Feststellung Ahmads keine Antwort einfiel, schwieg er. Doch nicht für lange. »Jetzt weiß ich, daß du ein Antichrist bist, weil diese die Macht haben, Menschen gegen ihren Willen zum Schweigen zu bringen.«

Am Tage seiner Abreise, welche von den Gemeindemitgliedern mit Erleichterung begrüßt wurde, schickte er eine Notiz in Ahmads Haus, die besagte, daß er ein armer Mann sei und Geld für seine Heimreise benötigte. Ahmad kam heraus und gab ihm 15 Rupien.

Die Gemeindemitglieder wußten nichts von Ahmads Mildtätigkeit, bis derselbe muslimische Gelehrte selbst ein Flugblatt drucken ließ, welches sich auf seine Reise nach Qadian und seine letzte Bitte an Ahmad bezog.

Ahmad sagte seinen Anhängern, daß sie die Wahrhaftigkeit des Islams nicht mit Logik allein festigen könnten. Noch könnten sie siegreich hervorkommen allein durch das Bespötteln anderer in Antwort auf ihre Sticheleien. Diejenigen, die sich so verhielten, würden hartherzig werden.

Er fügte hinzu: »Wenn ihr Rettung sucht, dann nehmt den Glauben der Demütigen an und mit aller Demütigkeit legt euren Nacken in das Joch des Heiligen Qur-âns. Vernichtung erwartet die Bösen und die Hölle ist für Tyrannen. Wer aber sein Knie beugt, soll von Vernichtung bewahrt bleiben. Seid wie ein Kind in der Einhaltung der Gebote Gottes. Laßt Demütigkeit und Schlichtheit in euren Herzen wohnen und gehorcht ohne Einwand.«

Kapitel 22

Familienleben

In der Moschee verhielt sich Ahmad immer unauffällig. Er stand gewöhnlich ganz rechts in der ersten Reihe und nicht in der Mitte, wie es die meisten Besucher erwarteten – Abdul Karim stand gewöhnlich dort, und die meisten Gäste stellten sich ihm vor. Es gab eine Zeit, wo sie nur sechs oder sieben Leute zum Gebet gewesen waren, jetzt waren es oftmals um die tausend. Wenn die Moschee voll war, stellte sich Ahmad meist hinten an, wo die Leute ihre Schuhe ausgezogen hatten. Eine Zeitlang verrichtete er jedoch sein Gebet in einem Anbau zur Moschee. Dies geschah, weil eine schwachsinnige Person sich angewöhnt hatte, sich neben ihn zu stellen. Im Anbau der Moschee konnten deren Sonderlichkeiten den Rest der Gemeinde nicht länger ablenken.

Obwohl wichtige Würdenträger keine seltenen Gäste in Qadian waren – ein Abgesandter des Sultans der Türkei war einer von ihnen –, fühlten sich gewöhnliche Leute nie unbehaglich mit Ahmad. Er hatte immer Zeit, ihnen zuzuhören, obwohl manchmal Ahmads Begleiter ungeduldig wurden, wenn ein einfacher Bauer mit Geschichten über sein Getreide oder andere banale Dinge nicht aufhören wollte. Doch diesen sehr einfachen Leuten hörte Ahmad so mit Interesse und Liebe zu, daß sie ihn als ihren besten Freund ansahen.

Bei einer Gelegenheit bemerkte Ahmad, daß ein alter Mann, der bei ihm gesessen hatte, sich immer weiter von ihm entfernen mußte, als immer mehr wichtige Personen eintrafen. Am Ende saß er praktisch vor der Tür. Als das Abendessen kam, stand Ahmad auf und nahm seinen Teller und ging zu dem alten Mann und setzte sich neben ihn. »Laß uns zusammen essen!« sagte er.

Auch Kinder waren ungezwungen mit Ahmad. Sie kletterten auf seinen Schoß und erzählten ihm ihre Kinderreime von Fröschen, Krähen und anderen Tieren. Auch er erzählte ihnen Geschichten, erinnerte man sich. Sie sahen ihn als einen der ihren an. Eine Freundin seiner Frau hielt sich oft einen Monat lang bei ihnen auf. Ihre kleine Tochter machte sich manchmal einen Spaß daraus, in sein Zimmer zu gehen, um ihm, wenn er arbeitete, zuzufächeln. Eines Tages erschien es ihr interessanter, am Fenster zu sitzen. Sie sagte ihm: »Komm und setze dich hierher. Das ist einfacher für mich.«

Ahmad stand auf und setzte sich, wie sie ihn angewiesen hatte.

Als die Schuljungen zur Reifeprüfung gingen, suchten sie seinen Segen, ehe sie sich auf den Weg machten. Er wollte gerade zu seinem Haus zurückgehen, als plötzlich jemand heftig an seinem Mantel zerrte. »Entschuldigen Sie mich, aber ich bin vergessen worden«, sagte ein kleiner Junge.

Ahmad drehte sich um, lächelte und schüttelte dem Jungen die Hand. »Mögt ihr alle die Prüfung bestehen«. sagte er.

Seinen eigenen Kindern gegenüber war er ein nachsichtiger, doch sorgender Vater. Die Gebete von Eltern für ihre Kinder und von Kindern für ihre Eltern seien immer Gott wohlgefällig, sagte er. Kinder sollten durch gutes Beispiel geleitet werden und sie sollten nicht körperlich gestraft werden, sagte er. Väter, die ihre Kinder schlugen, setzten sich Gott gleich, machten sich somit einer Art Vielgötterei schuldig, indem sie glaubten, sie teilten Seine Attribute eines wahren und absoluten Führers. Diejenigen, die ihre Kinder gegen deren Willen in eine bestimmte Richtung drängten, glaubend, sie wären die Meister über ihrer Kinder Schicksal, machten sich derselben Sünde schuldig.

Seine Söhne und Töchter erinnern sich, daß Ahmad mit ihnen spielte als sie klein waren, daß sie auf seinen Schultern ritten, wenn er spazieren ging, und sie zärtlich neckte, wenn sie zu Bett gegangen waren. Er hielt es nicht unter seiner Würde, ein quengeliges Kind zu hätscheln. »Guck doch mal, wie hell der Stern dort scheint«, hörte einer seiner Anhänger ihn spät in der Nacht zu seinem Sohn Mahmud sagen, als das Kind nicht schlafen konnte.

»Vater, ich will zu dem Stern gehen«, antwortete das Kind.

Der Anhänger hörte ihn zu seiner Frau bemerken: »Ich dachte mir einen Weg aus, ihn abzulenken, doch er hat einen anderen Grund zum Weinen gefunden.« Er lehrte sie auch, Achtung vor Gottes anderen Geschöpfen zu haben. Als Mahmud noch ein kleiner Junge war und versuchte, Spatzen zu fangen, indem er die Tür zur Moschee schloß, sagte er ihm: »Niemand fängt die kleinen Spatzen in ihrem eignen Zuhause. Jemand, der kein Mitleid kennt, hat keinen Glauben.«

Als Mahmud älter war und zur Jagd ging und mit einem Papagei zurückkam, sagte Ahmad ihm: »Es ist Fleisch, und moralisch ist es nicht verboten, es zu essen. Aber Gott hat nicht alle Vögel zum Essen geschaffen. Einige schöne Vögel sind hier, um uns zu erfreuen, während andere Vögel von Natur aus dazu bestimmt sind, uns mit ihrem Gesang zu entzücken.«

Er nahm lebhaften Anteil an ihrer Ausbildung. Als Mahmud eines Nachmittags von der Schule heimkam, sagte er zu seinem jüngeren Bruder Mian Bashir, daß ihr Lehrer ihnen aufgetragen hatte, die Frage zu erörtern, was wertvoller sei – Wohlstand oder Wissen. »Was hältst Du für wertvoller?« fragte er.

Ahmad unterbrach sie. »Keines von beiden«, sagte er. »Es ist die grenzenlose Gnade Gottes allein, die wirklichen Wert hat und die es verdient, erstrebt zu werden.« Bei anderer Gelegenheit sagte er: »Der Reichtum dieser Welt, ihre Königreiche und ihr Glanz, ist nichts, was zu beneiden ist. Was man wirklich beneiden sollte, ist das perfekte Gebet zu Gott.«

Er war fest davon überzeugt, daß er Gebete zur Unterstützung benötigte. Er hatte seine erste Frau gebeten, für ihn zu beten, als sie noch Kinder waren. Jetzt bat er Mahmud, als er gerade neun Jahre alt war, für ihn zu beten. Er bat auch andere Kinder, für ihn zu beten.

Er flößte seinen Kindern großen Respekt und Liebe zu ihrer Mutter ein, sich auf die Tradition des Heiligen Propheten berufend, daß das Paradies unter den Füßen der Mütter liegt. Als seine Frau und deren Mutter einmal in einen Streit gerieten und in Tränen aufgelöst waren, nahm er seine Frau und führte sie zu ihrer Mutter, wo sie ihren Kopf senkte. Ihre Mutter nahm sofort ihren Kopf und umarmte sie. Aller Ärger war verflogen. Ohne ein Wort gesagt zu haben, verließ Ahmad den Raum und ging die Treppe hinauf.

Als seine älteste Tochter Ismat erkrankte, pflegte er sie jede Nacht. Sie starb. Später starb sein jüngster Sohn. Nachdem er den Leuten von ihrem Tod berichtet hatte, sprach er nie wieder öffentlich von ihnen. Seine Anhänger wußten, daß er aufs tiefste trauerte.

Ahmad war überaus ernsthaft in seinen Pflichten als Ehemann. Seinen Anhängern sagte er: »Eure Frauen sind die Hauptzeugen eures moralischen und spirituellen Gewichts und eurer Beziehung zwischen euch und Gott. Ein Mann, der nicht ehrbar und freundlich zu seiner Frau ist, wie kann er gut anderen gegenüber sein? Ihr müßt zu allererst gut zu euren Frauen sein.«

Und einem Freund, dessen Frau gestorben war, schrieb er mitfühlend: »Die Ehe ist eine so enge menschliche Beziehung, daß man nicht länger als ein paar Wochen von seiner Frau getrennt sein mag. Mann und Frau sind so miteinander verbunden und teilen soviel miteinander, daß sie wie Teile voneinander werden. Die Segnungen der ehelichen Beziehung lassen einen alle weltlichen Sorgen und Prüfungen vergessen. Die ehelichen Eindrücke und Erinnerungen sind so tief, daß, wenn man seine Frau verliert, man nur unter Tränen an das Verhältnis zurückdenken kann. Gott hat uns immer wieder zur gegenseitigen Liebe und Treue in der Ehe ermahnt. Sie ist die Quelle aller menschlichen Beziehungen.«

Ahmad mischte sich niemals in die häuslichen Angelegenheiten seiner Frau ein. Bezüglich einer an sich unwichtigen Angelegenheit sagte einer seiner Anhänger, er sei mit einer getroffenen Entscheidung beim Umbau eines Gebäudes nicht einverstanden. Ahmad erwiderte, die Sache läge in ihrem Entscheidungsbereich und über ihre Entscheidung sollte nicht diskutiert werden.

Als Abdul Karim einmal klagte, wieviel Aufmerksamkeit seine alte und gebrechliche Mutter in Anspruch nahm, sagte Ahmad, daß er eine heilige Pflicht habe, seine Mutter zu lieben und zu respektieren. Er erinnerte an einen Ausspruch Mohammads, der besagte, es gäbe zwei ganz besonders unglückliche Personen, diejenige, die die Möglichkeit, im Monat Ramadan zu fasten, nicht nütze und den heiligen Monat verstreichen ließe, ohne die Vergebung ihrer Sünden zu erlangen. Die andere unglückliche Person sei die, deren Eltern am Leben seien und die ihnen nicht mit Ergebenheit und Gehorsam diene.

Ahmads ständige Ermahnungen an seine Anhänger, bescheiden, aufrichtig und großzügig zu sein, hatte zur Folge, daß sich viele Menschen der Gemeinde anschlossen, weil sie von den guten Taten einer seiner Anhänger so beeindruckt gewesen waren. Die erste Predigt, die ein Mann namens Umar Din hörte, betonte die Pflichten Verwandten gegenüber. Er fühlte, daß das einzig ihm galt, und als er zu seinem Besitz in Kaschmir zurückkehrte, gab er seinem Bruder den Teil ihres gemeinsamen Erbes zurück, den er sich unrechtmäßig angeeignet hatte.

Ein Hindu-Gelehrter schrieb, Ahmad sei stets geduldig, freundlich und höflich, aber in Debatten sei er wie ein Löwe. Ahmad erklärte: »Ich mache es allen Muslimen, Christen und

Hindus und Aryas gegenüber klar, daß ich keinen Feind in der Welt habe. Ich liebe die Menschen, wie eine zärtliche Mutter ihre Kinder liebt. Ich bin nur gegen ihre falschen Lehren, die die Wahrheit zerstören.«

Über die Drohungen, ihn zu töten, dachte er nur verächtlich. Sie kamen in unfrankierten anonymen Briefen mit geradezu jeder Postsendung. Er sagte: »Meine Seele kann nicht vernichtet werden. Fehlschläge sind nichts, was ich jemals zu befürchten habe. Ich trage den Mut und die Wahrhaftigkeit in mir, die Berge versetzen können. Ich fürchte keine Prüfung. Im Dschungel werde ich mich durchkämpfen. In der Schlacht werdet ihr mich niemals den Rücken kehren sehen, obwohl ihr meinen Kopf blutend im Staub liegen sehen möget. Es gibt nur ein Leben, doch wenn ich 1 000 Leben hätte, wäre es mein Wunsch, jedes einzelne dieser Leben Gott zu opfern.«

Er warnte neue Anhänger: »Wenn ihr von hier fortgeht, wird man euch sagen, daß ihr einem Aussätzigen und Lügner Treue geschworen habt. Macht euch keine Sorgen darüber. Betet für sie. Gott möge sie leiten, wie er euch geleitet hat. Wenn ihr merkt, daß sie sich nicht um eure Ermahnungen scheren, dann laßt davon ab. Wenn jemand nicht in meine Fußstapfen treten will, kann er davongehen.«

»Ich weiß nicht, welche dornigen Dschungelpfade noch vor mir liegen. Diejenigen, die schwach sind, können diese Prüfungen nicht bestehen. Diejenigen aber, die zu mir gehören, können sich nicht von mir trennen, gleichgültig, welche Prüfungen auch für sie kommen mögen.«

Er fügte hinzu: »Alle Propheten sind beschimpft worden. Das ist das Erbe der Propheten, wie könnte ich davon ausgeschlossen werden? Man muß solch eine perfekte Beherrschung von Ärger erlangen, daß man keine Aufnahmefähigkeit für Ärger mehr besitzt. Gott schreibt Geduld vor, und wir müssen gehorchen. Das Verständnis von Gottes Offenbarung führt zur Nachsichtigkeit.«

Kapitel 23

Das weiße Minarett

Ahmad hatte Kontroversen niemals gescheut, und nun fand er sich in Debatten in ganz Indien verwickelt, und später auch in Großbritannien, den Vereinigten Staaten von Amerika und anderen Ländern. Es gab auch belanglose Belästigungen, und es kam die Zeit der ersten Märtyrer, auf grausame Art und Weise hingerichtet, weil sie nicht ihren Glauben an das Prophetentum Ahmads widerrufen wollten.

Als die Ahmadiyya-Gemeinde an Ansehen und Einfluß in ganz Indien und der Welt zunahm, gab es natürlicherweise diejenigen in Qadian, deren Neid schnell wuchs. Es hatte immer Opposition von Seiten der Hindus, Muslime und Sikhs in Qadian gegeben, und es kam eine Zeit, in der Beschimpfungen und Belästigungen gegen seine Anhänger und ihn selbst so anwuchsen, daß Ahmad überlegte, ob er Qadian verlassen sollte. Ein Prophet hat keine Ehre in seinem eigenen Lande, und Ahmad entdeckte die Wahrheit dieses alten Sprichwortes.

Als seine Anhänger versuchten, lediglich etwas Lehm aus dem Dorfweiher zu holen, um Ziegel herzustellen, stieß man sie und kippte ihre Wagen um. Als Abdul Karim eines Freitags eine Predigt hielt, hatte einer von Ahmads Vettern, der ihn haßte, eine Gruppe von Trommlern und Pfeifern parat. Jedesmal, wenn Abdul Karim zu sprechen begann, spielte der Spielzug auf. Abdul Karim war für seine kräftigen Lungen bekannt, aber selbst er war schließlich dazu verurteilt, einen einzigen Vers aus dem Qur-ân zu wiederholen: »Wehe euch«, und wieder: »Wehe euch.«

Ahmad hielt immer zu Geduld und Langmut an, doch eines Tages, als er nicht da war, wurde einer seiner Anhänger angegriffen. Diesmal gab es keinen zurückhaltenden Einfluß, und ein Straßenkampf entbrannte, und die Sikhs plünderten das Haus eines Ahmadis. Die Polizei wurde gerufen, und da der Beweis der Plünderung eindeutig war, wurden die Sikhs festgenommen, in Handschellen gelegt und ins Gefängnis gebracht.

Ahmad, der seine Anhänger streng vor Reaktionen auf Herausforderungen gewarnt hatte, wurde von den Sikh-Führern um Hilfe gebeten. Er machte seinen Einfluß geltend, und die Sikh-Anführer wurden entlassen.

Die Verfolgung hielt an, und Ahmad zog erneut in Erwägung, in eine größere Stadt zu ziehen. Andere Propheten, Mohammad inbegriffen, waren aus ihren Häusern vertrieben worden, so daß er nicht mehr als sie litt. Ahmad wurden sofort Häuser in den verschiedensten Städten im Punjab angeboten, doch er beschloß letzten Endes, in Qadian zu bleiben.

Eine Person, die ihn in Qadian am meisten haßte, war die Witwe seines Bruders Mirza Ghulam Qadir. In ihrem Falle war es eine persönliche Abneigung und keine religiöse Meinungsverschiedenheit. Es ist immer schwierig, den Erfolg von Menschen zu akzeptieren, auf die man verächtlich herabgeschaut hatte, und sie hatte dies immer mit Ahmad gemacht.

Am Anfang hatte er ihrem Mann im Weg gestanden, uneingeschränkt den Familienbesitz zu übernehmen. Sie verübelte ihm die Tatsache, daß er ein Recht auf die Hälfte der Einnahmen hatte und weiter im Haus der Familie leben konnte. Die Tatsache, daß er nur ein winziges Zimmer bewohnte und dürftig aß, schien ihre Abneigung nur noch zu vertiefen.

Nach dem Tode ihres Mannes wuchs ihr Haß nur noch. Sie hatten keine Kinder gehabt, und folglich war Ahmad nun Herr über Qadian.

Sie und ihr Mann hatten Ahmads beide Söhne aus erster

Ehe in jeder Beziehung, jedoch nicht namentlich angenommen. Sein ältester Sohn, Sultan Ahmad, hatte die Tochter ihres Bruders, Mirza Nizam Din, der im angrenzenden Gebäude lebte, geheiratet. Durch diese Heirat wurde Sultan Ahmad in eine Verschwörung gegen seinen Vater hineingezogen.

Viele Jahre lang hatte Mirza Nizam Din jedem von Ahmads Besuchern, den er zufällig beim Vorbeigehen antraf, von seinem Haus aus nachgepfiffen und ihn bepöbelt. Jetzt dachte er an eine kränkendere List, Ahmad zu belästigen. Diese schloß Sultan Ahmad ein.

Im Januar 1900 baute Mirza Nizam Din eine 2 ½ m hohe Mauer quer über den Weg, der zu Ahmads Haus führte. Dies bedeutete, daß von jetzt an jeder, der ihn besuchen oder in die Moschee gehen wollte, einen langen Umweg durch Qadians Seitenstraßen machen mußte. Die meisten waren ungepflastert und in der Regenzeit sank man dort knöcheltief in Schlamm ein. Dieser Umweg führte sie auch an Häusern vorbei, die Ahmads Widersachern gehörten, und folglich wurden die Gäste fast immer beschimpft, manchmal mit Dreck bespritzt und gelegentlich körperlich angegriffen.

Die Besucher der Moschee hatten auch keinen Zugang zum Brunnen. Sie brauchten Wasser, um die nötigen Waschungen vorm Gebet zu verrichten. Ahmad versuchte, eine Art von Vereinbarung mit seinem Vetter wegen der Mauer zu erreichen, doch dies wurde mit Lachen abgelehnt. Schließlich entschloß er sich, widerstrebend jedoch, den Rechtsweg einzuschlagen. Sein Sohn war auf der Gegenseite.

Als die Dokumente des Falles dem Gericht vorgelegt wurden, schien eines davon zu bestätigen, daß das Land, auf dem die Mauer gebaut worden war, Nizam Din gehörte. Ahmads Anwalt riet zu dem Versuch, das Land zu kaufen, um den Streit zu schlichten, da es so aussah, daß er verlieren würde.

Das Angebot wurde mit Verachtung zurückgewiesen. Er

würde nicht nur die Mauer über der Gasse stehen lassen, sagte Nizam Din, sondern er würde, so spielte er sich auf, eine Mauer rings um Ahmads Haus bauen, so daß niemand hereinkommen könne.

Doch er beanspruchte seinen Sieg zu früh. Eine weitere Suche nach Dokumenten brachte eines mit dem Namen von Ahmads Vater, Mirza Ghulam Murtaza, ans Licht. Es bewies, daß Ahmad Mitbesitzer des Landstückes war.

Der Richter erklärte, daß die von Mirza Nizam Din vorgebrachten Bezeugungen nicht glaubwürdig, während die von Ahmad vorgebrachten glaubwürdig erschienen. Er ordnete daher an, daß die Mauer abgerissen werden und Mirza Nizam Din Schadenersatz bezahlen solle. Die Entschädigung wurde nicht bezahlt, und Ahmads Anwalt erreichte ohne dessen Wissen eine Verurteilung. Ein Gerichtsvollzieher erschien in Qadian, und als Nizam Din das Geld nicht vorweisen konnte, begann er, seine Sachen zu beschlagnahmen. Am Abend desselben Tages sandten Nizam Din und sein Bruder, der auch verwickelt gewesen war, Ahmad eine Botschaft, mit der Bitte um Gnade.

Er habe kein Geld, sagte er. Er müßte Besitz verkaufen, um die Gerichtskosten zu zahlen. Ahmad schrieb sofort zurück, daß er Anweisungen gegeben habe, die Forderungen zurückzuziehen.

Seinen Anhängern gegenüber erklärte er: »Wir sind nicht an solchen Prozessen interessiert. Das ist eine Beschäftigung für Leute, die nichts anderes zu tun haben, als sich über weltliche Vorteile Gedanken zu machen. Gott hat mich nicht für solch eine Mission gesandt. Das ist nicht meine Aufgabe. Wenn mein Vetter mir Schaden zufügen wollte, so ist es nicht unsere Aufgabe, ihm mit gleicher Münze zurückzuzahlen.«

Es sollte noch einen weiteren Rechtsstreit im Zusammenhang mit dem Bau des Weißen Minaretts in Qadian geben, das auf eine besondere Art das Kommen des Verheißenen

Messias symbolisiert. Das Wort Manarah im Arabischen, das als Minarett übersetzt wird, bedeutet wörtlich ›Zeit und Ort des Lichts‹. Es kommt, wird gesagt, von der ersten Manarah, dem Leuchtturm, der von Alexander dem Großen in Alexandria in Ägypten gebaut worden war.

Weiß steht für Reinheit, Makellosigkeit und Glanz. Es gibt eine Überlieferung im Islam, die besagt, daß der Verheißene Messias bei dem weißen Minarett im Osten von Damaskus herabkommen wird.

Dies, sagte Ahmad, solle nicht zu wörtlich genommen werden. Es bedeute, daß der Verheißene Messias kommen würde, wenn über die ganze Welt Licht verbreitet sein werde und Entfernung keine Dinge dem Blick entziehen könne. Es bedeute auch, daß die Wahrheit des Islams gleich einem Minarett aufragen und eine Höhe erreichen würde, die ihre Überlegenheit über alle anderen Lehren darlegen wird.

Ahmad beschloß dennoch, die Prophezeihung sowohl wörtlich als auch geistig zu erfüllen. Seine Aufgaben waren dreifach: Daß der Muezzin fünfmal am Tag die Gebetszeit ausrufen könne, laut verkündend, daß es nur einen Gott gibt, und daß Er allein anbetungswürdig ist.

Zweitens: Helle Lampen würden auf der Spitze des Minaretts angebracht werden, um Dunkelheit zu vertreiben und den Menschen zu zeigen, daß die Zeit des Himmlischen Lichts und des spirituellen Fortschritts angekommen sei. Und drittens, würde eine Uhr Stunden schlagen und anzeigen, daß hier und jetzt die Tore des Himmels offen ständen und es keines Krieges mit Schwertern mehr bedürfe, die Welt zum Islam zu bekehren.

Ahmads Gegner in Qadian verbündeten sich gegen diesen Vorschlag. Das würde ihr Privatleben verletzen. Leute auf dem Minarett könnten in ihre Häuser schauen. Es war alles sehr trivial, aber die Gemüter und Gefühle waren aufgewühlt. Ein Regierungsbeamter traf in Qadian ein, um Bewei-

169

se für die lautesten Stimmen von Opponenten anzuhören. Ihm wurde Lala Budha Mal vorgestellt.

Ahmad wies auf ihn und sagte: »Fragen Sie ihn, ob sich jemals eine Gelegenheit geboten hätte, mir Schaden zuzufügen, die er ausgelassen hätte. Fragen Sie ihn auch, ob es jemals eine Gelegenheit gegeben hat, ihm Gutes zu tun, die ich versäumt hätte.«

Lala Budha Mal ließ seinen Kopf hängen und schwieg.

Als der Bericht über den Streit die zuständige Behörde erreichte, entschied man, daß es absolut keinen Grund gäbe, das Minarett nicht zu bauen. Zwar wurde der Grundstein gelegt, gebaut wurde es aber erst nach Ahmads Tode. Es ist heute auf allen Veröffentlichungen der Ahmadiyya-Gemeinde und auf der Flagge, die auf ihren Versammlungen gehißt wird, dargestellt.

Kapitel 24

Islam schaut zum Westen

Dieses waren die Nadelstiche persönlicher Bosheit und des Neides gewesen. Nun sollte Ahmad in Debatten eintreten, die weltweite Aufmerksamkeit erregten. Das Minarett und der Muezzin, der die Gläubigen zum Gebet rief, vertraten die überlieferte Tradition des Islams. Wenn er jedoch die Millionen von Menschen erreichen wollte, die noch nicht einmal von der Existenz des Islams gehört hatten, dann mußte er sich aller modernen Kommunikationsmittel bedienen.

Zeitungen ermöglichten es, zu Menschen in aller Welt in ihren Muttersprachen zu sprechen. Die Druckereien in Qadian gaben schon Zeitungen in verschiedenen Sprachen heraus, die in ganz Indien verteilt wurden. Doch die Verbindungssprache für die Gebildeten und Verwaltungsklassen in Indien war bereits Englisch. Es überbrückte Klasse und Religion sowie all die altmodischen Staatsgrenzen der Radschas und Maharadschas. Außerdem öffnete es die Tür zur westlichen Welt. Mit Englisch, so erkannte Ahmad, konnte er zu den Vereinigten Staaten von Amerika und zu jedem Land des britischen Imperiums sprechen. Zu der Zeit bedeutete das fast ganz Afrika, große Teile Südostasiens und ein Einstieg nach China und Südamerika. Er schlug deshalb die Gründung einer englischen Zeitung vor, die die intellektuellen Menschen ansprechen sollte.

Und ebenso, wie er den Islam in ganz Indien ins öffentliche Bewußtsein gebracht hatte, indem er seine Schönheiten neben denen anderer Religionen hervorhob, machte er es auch mit seinem neuen Magazin: Er stellte die Schönheiten des Islams neben denen anderer Religionen heraus. Es hatte den Titel *The Review of Religions*. Der Vertrieb begann in England.

Die *Church family*, eine unter dem Schutz der *Church of England* herausgegebene Zeitschrift, kommentierte: »Wir sollten nicht versuchen, die im Auftrage Mirza Ghulam Ahmads veröffentlichte Literatur zu widerlegen, denn er wird so zahlreiches Schrifttum gegen das Christentum verbreiten, daß die Autorität der Bibel vollständig zerstört werden wird.«

The Review of Religions wird jetzt seit dem Jahre 1902 ununterbrochen herausgegeben und ist somit eines der ältesten religiösen Journale der Welt.

Ebenso wie Ahmad sich weigerte, irgendeine Kritik am Islam in Indien unbeantwortet zu lassen, weigerte er sich nun, irgendeine Kritik am Islam in den Vereinigten Staaten oder Großbritannien unbeantwortet zu lassen. Die erste Person, die seine Aufmerksamkeit auf sich zog, war John Alexander Dowie. Er war ein Schotte, der in Edinburgh geboren, zum Geistlichen ausgebildet und nach Australien emigriert war. Dort hatte er bald den Ruf, im Besitz besonderer Heilkräfte zu sein. Im Jahre 1888 siedelte er in die Vereinigten Staaten über, wo er im Jahre 1901 mit dem Bau einer Stadt in Illinois begann, die er Zion City nannte.

Er war ein erbitterter Feind des Islams. In seinem Magazin mit dem etwas unpassenden Namen *Leaves of healing* (etwa: Blätter der Heilung) schrieb er: »Ich schaue auf die Falschheit Mohammads mit großer Verächtlichkeit herab.« Und er fuhr fort: »Ich warne die christlichen Völker Amerikas und Europas, daß der Islam nicht tot ist. Islam hat gewaltige Kräfte; dennoch müssen der Islam und Mohammadanismus zerstört werden.«

Ahmad stellte sich der Herausforderung: »Wir möchten respektvoll darauf hinweisen, daß es nicht nötig ist, zur Erfüllung seines Zweckes Millionen von Muslimen der Vernichtung zu übergeben. Es gibt einen viel einfacheren Weg, herauszufinden, ob Mr. Dowie's Gott oder unser Gott der Wahre ist. Mr. Dowie sollte, anstatt wiederholt den Untergang aller Muslime zu prophezeien, sich allein mit meiner Person befassen und beten, daß derjenige von uns beiden, der im Unrecht ist, vor dem anderen sterben möge... Mr. Dowie glaubt an Jesus als Gott, während ich Jesus als ein demütiges Geschöpf Gottes und als Propheten ansehe.«

Er fuhr fort: »Ich bin nicht derjenige, der so ein Gebet vorschlägt. Es ist Mr. Dowie, der sich durch seine Bekanntgabe in diese Lage gebracht hat. Gott, Der dies gesehen hat, Der ein eifersüchtiger Gott ist, hat mich in diese Auseinandersetzung gedrängt. Es sollte nicht außer acht gelassen werden, daß ich nicht irgendein beliebiger Bewohner dieses Landes bin. Ich bin der Verheißene Messias, der auch von Dr. Dowie erwartet wird. Der einzige Unterschied ist nur, daß Mr. Dowie sagt, der Verheißene Messias wird in 25 Jahren erscheinen, und ich behaupte, daß er schon erschienen ist und daß ich diese Person bin. Hunderte von Zeichen sind zu meiner Unterstützung auf Erden und vom Himmel erschienen. Meine Gemeinde zählt 100 000 und nimmt rapide zu.«

Mr. Dowie war zu diesem Zeitpunkt 56 Jahre alt. Ahmad war zehn Jahre älter und nicht in bester Gesundheit, da er an Diabetes, Amöbenruhr, Migräne und Blutarmut litt. Sein Leben hing jedoch nicht von seinem Gesundheitszustand ab, sagte Ahmad, sondern vom Willen Gottes.

Er schloß: »Wenn anstatt mit dem Untergang aller Muslime Mr. Dowie's Zwecken mit meinem Tod allein gedient ist, so wird er ein großes Zeichen vollbracht haben, worauf Millionen von Menschen den Sohn der Maria als Gott anerkennen werden.«

»Die Wahrheit ist, daß Jesus, Sohn der Maria, von mir ist und ich bin von Gott. Gesegnet ist derjenige, der mich erkennt und der Unglücklichste ist derjenige, vor dessen Augen ich verborgen bleibe.«

Die Herausforderung des Verheißenen Messias erregte großes öffentliches Interesse in den Vereinigten Staaten. Der

Argonaut of San Francisco, damals eine Zeitung mit beachtlicher Verbreitung, kommentierte, daß Ahmad eine Herausforderung ausgesprochen hätte, die sich kaum ignorieren lasse. Mit vielen Worten hatte er gesagt: »Mr. Dowie und ich sollen jeder beten, daß Gott denjenigen, der falsch ist, zu Lebzeiten des anderen sterben lassen solle. Derjenige, dessen Gebet erhört worden ist, solle als von dem wahren Gott angesehen werden.«

»Dies ist in der Tat eine sehr vernünftige und gerechte Stellung«, schloß der *Argonaut*.

Dowie nahm Ahmads Herausforderung nicht an. Stattdessen betete er öffentlich: »Ich bete zu Gott, daß der Islam bald von der Erdoberfläche verschwinden wird. O Gott, erhöre dieses mein Gebet. O Gott, vernichte den Islam.«

Es war jedoch Dowie, der vernichtet wurde. Sein Gesundheitszustand verschlechterte sich. Er geriet in finanzielle Schwierigkeiten. Im Jahre 1905 erlitt er einen Schlaganfall, so daß er erst nach Jamaika, später nach Mexico zog, auf der Suche nach wärmerem Klima. Die Angelegenheiten von Zion City wurden einem Stellvertreter übertragen, der sich gegen ihn wandte. Seine Frau und seine Kinder verließen ihn und er wurde wegen einer Anzahl illegaler und unmoralischer Praktiken verurteilt. Er starb eines erbärmlichen Todes am 9. März 1907.

Einige Komentare amerikanischer Zeitungen waren:

»Ahmad und seinen Anhängern mag verziehen werden, wenn sie sich die Exaktheit, mit der sich die Prophezeiung erfüllte, gutschreiben.«

»Der Mann aus Qadian sagte voraus, daß Dowie, wenn er die Herausforderung annehmen würde, diese Welt vor seinen Augen unter großem Leid und Qualen verlassen würde . Wenn Dowie ablehnte, so würde sich das Ende nur hinauszögern. Tod erwarte ihn so oder so, und Elend würde Zion City bald einholen. Das war die große Prophezeiung. Zion City wird fallen und Dowie wird vor Ahmad sterben.«

»Dowie starb eines elenden Todes, während Zion City durch innere Zwietracht zerrissen und aufgerieben wurde.«

Die größte Schlagzeile trug eine Bostoner Zeitung: *Groß ist Mirza Ghulam Ahmad, der Verheißene Messias.*

Kapitel 25

Die ersten Märtyrer

In islamischen Ländern jedoch hatten diejenigen, die Ahmad als den Verheißenen Messias anerkannt hatten und sich selbst unter Folterungen weigerten, ihr Bekenntnis zu widerrufen, noch schlimmeren Tod zu erleiden.

Der erste war ein afghanischer Heiliger, Abdur Rahman. Er war ein Anhänger des afghanischen Adligen Sahibzada Syed Abdul Latif, der einen von Ahmads Verleumdern in der Moschee von Qadian hatte angreifen wollen. Sahibzada Latif war ein Abgesandter des afghanischen Königs bei der Durand-Kommission gewesen, die die Grenzen zwischen Indien und Afghanistan festgelegt hatte. Während ihrer Treffen schenkte einer der britischen Delegierten Sahibzada Latif ein Buch von Ahmad.

Latif war so beeindruckt, daß er sich weitere Bücher aus Qadian schicken ließ. Schließlich sandte er seinen Treueeid durch Abdur Rahman. Nach seiner Rückkehr nach Afghanistan begann Abdur Rahman die Neuigkeit vom Erscheinen des Verheißenen Messias zu verbreiten. Im Auftrag des Königs wurde er festgenommen. Im Jahre 1901 wurde er in seiner Gefängniszelle erwürgt und wurde so zum ersten Märtyrer.

Ein Jahr darauf entschied sich Sahibzada Latif, eine Pilgerfahrt zu den Heiligen Stätten in Arabien zu machen. In seiner offiziellen Reiseroute führte er Qadian nicht auf, sobald er aber die Grenze überschritten hatte, eilte er nach Qadian. Er war so beeindruckt von Ahmads Lehren und dem Wachstum der Ahmadiyya-Gemeinde, daß er mehrere Monate in Qadian blieb. Als er am Ende nach Afghanistan zurückkehren mußte, tat er dies schweren Herzens. Er und Ahmad waren enge Freunde geworden, und ihre Trennung war mit

Schmerz erfüllt. Ahmad, der ihn die ersten drei Meilen zu Fuß begleitete, sagte später: »Ich spürte, daß er so von Liebe für mich erfüllt war wie ein Kristallfläschchen mit Parfüm. Es erschien mir, daß sein Herz ebenso erleuchtet war wie sein Gesicht.«

Sahibzada Latif glaubte, daß er zum Sterben zurückkehrte. In einer Offenbarung hatte er die Botschaft erhalten: »Opfere deinen Kopf! Opfere deinen Kopf!«

Zu Ahmad sagte er: »Ich habe die Vorahnung, daß mein Ende nahe ist. Es ist möglich, daß ich nicht so glücklich sein werde, Euer Heiliges Gesicht noch einmal zu sehen.« Sich noch auf britischem Territorium befindend, schrieb er an den Polizeichef in Kabul, ihm erklärend, warum er nicht in der Lage gewesen sei, auf die Pilgerfahrt zu gehen, wie er beabsichtigt hatte, und fragte, ob der König es ihm gestatten würde, nach Kabul zu kommen, um dem König seine Aufwartung zu machen. Er wurde angewiesen, direkt nach Kabul zu gehen.

Auf seinem Weg nach Kabul jedoch hielt Sahibzada Latif sich kurz in seinem Heimatort auf. Es dauerte nicht lange, und er wurde von einem Trupp von Soldaten des Königs festgenommen und unter Bewachung nach Kabul gebracht. Dort wurde er an Händen und Füßen gefesselt in eine Zelle der Hauptbefestigung der Stadt geworfen.

Der König, der ihn und seine Familie gut kannte, zögerte, ihn zum Tode zu verurteilen zu lassen – welches die Strafe für alle Muslime Afghanistans war, die den Islam verleugneten. Alle paar Wochen bot er Sahibzada Latif seine Freiheit, seine Ländereien und die Rückgabe seiner ehemaligen Würden und Ehren an, wenn er seine Treuegelübde an den Verheißenen Messias widerrief.

Sahibzada Latif schickte die Antwort zurück, daß er ein intelligenter und belesener Mensch sei und von Gott mit genügend Intelligenz ausgestattet, um in der Lage zu sein, zwischen Wahrheit und Falschheit unterscheiden zu können. Nach monatelangem Studium sei er überzeugt worden, daß Mirza Ghulam Ahmad der Verheißene Messias ist. Er sei sich darüber im klaren, sagte er, daß er sein Leben in Gefahr brächte und den Ruin seiner Familie heraufbeschwor, indem er diese Erklärung abgab, doch hielte er seinen Glauben für wichtiger als alle weltlichen Annehmlichkeiten und Erwägungen.

Nach vier Monaten wurde Sahibzada Latif vor den König geführt und es wurde ihm gesagt, daß dessen Geduld erschöpft sei. Wenn er öffentlich die Lehren des Verheißenen Messias verwerfe, könne er noch sein Leben und seinen Besitz retten. Wenn er es nicht täte, dann würde er sterben.

Sahibzada Latif antwortete, daß es ihm nicht möglich sei, die Wahrheit zu verleugnen. Jede Folter, der er sich in dieser Welt unterziehen müßte, könne nur mit seinem Tod enden, doch wenn er den Verheißenen Messias verleugnen würde, dann würde seine Qual immerwährend sein. Er drängte, daß die Gelehrten, die gegen ihn standen, sich einer öffentlichen Diskussion stellen sollten, und wenn die Argumente zur Unterstützung seines Glaubens gerecht widerlegt werden könnten, solle er verurteilt und bestraft werden.

Der König war mit diesem Vorschlag einverstanden und acht Gelehrte wurden ausgewählt, in eine Debatte mit ihm einzutreten. Die Debatte wurde in der größten Moschee Kabuls abgehalten. Eine große Zuschauermenge hatte sich versammelt, aber es fiel kein Wort, da der Meinungsaustausch mit Kommentaren und Referenzen schriftlich durchgeführt wurde.

Die Debatte begann um sieben Uhr morgens und endete um drei Uhr nachmittags. Die Hand- und Fußfesseln waren Sahibzada Latif abgenommen worden, damit er schreiben könne, doch acht Wächter mit gezogenen Schwertern standen die ganze Zeit um ihn herum. Am Ende der schriftlichen

Debatte stellte man Sahibzada Latif die Frage: Wenn Ahmad der Verheißene Messias war, was dachte er über das Wiederkommen Jesu?

Er antwortete, daß Jesus gestorben sei und deshalb nie wiederkommen könne. Der Qur-ân verkündete seinen Tod, und er glaube dem Qur-ân.

Daraufhin brachen die Gelehrten in wütende Angriffe aus. Es bestand kein Zweifel, daß er ein Ungläubiger sei. Er hatte dem Glauben des Islams widersprochen. Sie bereiteten deshalb die formale Erklärung seines Abfalls vor, und er wurde in seine Zelle zurückgebracht, wieder mit schweren Ketten an Händen und Füßen.

Die Erklärung wurde dem König übergeben, der das Todesurteil verkündete. Am nächsten Morgen führte man Sahibzada Latif in Ketten zu einer Militärbaracke, wo sich bereits eine große Menschenmenge versammelt hatte. Als der König eintraf, sagte er ihm: »Du bist zum Abtrünnigen erklärt worden. Wirst du nun bereuen oder willst du dich der Bestrafung ergeben?«

Sahibzada Latif erklärte, daß er die Wahrheit nicht bereuen könne und daß er nicht lügen würde, um sein Leben zu retten. Der König drängte ihn abermals zu widerrufen, doch Sahibzada Latif sagte, er könne nicht widerrufen, denn er könne nicht die Wahrheit aufgeben. Der König schrieb deshalb den Befehl aus, das Todesurteil durch Steinigung zu vollstecken. Er wurde ihm um den Hals gehängt. Ein Loch wurde durch seine Nase gebohrt und ein Strick durchgezogen, so daß er wie ein Tier zum Platz seiner Hinrichtung geführt werden konnte.

Begleitet von einer riesigen johlenden Menschenmenge und dem König, seinen Höflingen, Richtern und Gelehrten wurde Sahibzada Latif in Ketten auf ein außerhalb der Stadtmauer gelegenes Feld gebracht, wo eine Grube ausgehoben worden war. Er mußte darin stehen und die Grube wurde zugeschüttet, bis es ihm zur Taille reichte. Der König sprach nochmals zu ihm. Selbst jetzt noch, sagte er, könne er vom Tode befreit werden, wenn er den Verheißenen Messias verwürfe. Er drang in ihn, Erbarmen mit sich selbst und seinen Familienangehörigen zu haben, die durch seine Abtrünnigkeit befleckt, entehrt und enterbt werden würden.

Noch einmal antwortete Sahibzada Latif, daß er niemals seinem Glauben abschwören könne, um sein Leben zu retten oder seine Familie zu beschützen. Nun riefen die Gelehrten, daß kein Zweifel daran bestünde, daß er ein Verräter des Islams sei und daß er sterben müsse.

Der König forderte deshalb den obersten Richter auf, den ersten Stein zu werfen. Der Richter erwiderte, der König soll es tun, da er der oberste Herrscher sei. Der König antwortete, daß der oberste Richter der Vertreter des Gesetzes sei, und es sei dessen Urteil, das vollstreckt wurde.

Der oberste Richter stieg von seinem Pferd und hob einen Stein auf, den er mit großer Kraft auf Sahibzada Latif zielte. Er traf ihn genau auf der Stirn; das brachte sein Haupt zum Sinken. Der König ergriff dann einen Stein und warf ihn mit Wucht auf Sahibzada Latif. Dann nahm jeder aus der Menge einen Stein auf und zielte auf ihn, bis er unter einem Berg von Steinen begraben war.

Der Tag der Exekution war der 14. Juli 1903.

Ahmad verurteilte das Martyrium des Sahibzada Latif mit dramatischen Worten. »O Land Afghanistan, bezeuge ein schweres Vergehen, das in dir begangen worden ist. O unglückliches Land, du bist im Ansehen Gottes tief gefallen, indem diese große Tragödie in dir ausgeführt wurde.«

Selbst in der Bitterkeit dieser Zeit riet Ahmad zu Mäßigung. Über das Märtyrertum sprechend, sagte er zu den Anhängern der Ahmadiyya-Gemeinde: »Wenn ihr am Glauben und an der Wahrheit festhaltet, werden Engel euch leiten, himmlischer Trost wird auf euch herabsteigen und der

Heilige Geist wird euch zu Hilfe kommen. Gott wird bei euch sein bei jedem Schritt, und niemand wird imstande sein, euch zu überwinden. Erwartet die Gnade Gottes mit Standhaftigkeit. Hört den Beleidigungen zu und schweigt. Erduldet Schläge und seid standhaft. Setzt euch soweit wie möglich, dem Bösen gegenüber nicht zur Wehr, damit ihr im Himmel als annehmbar angesehen werden möget.«

Und er versprach: »Höret, all ihr Menschen. Dies ist eine Prophezeiung von Ihm, Der Himmel und Erde geschaffen hat. Er wird diese Seine Gemeinde in allen Ländern verbreiten, und durch Vernunft und Argumente wird Er sie allen überlegen machen. Die Tage werden kommen, in der Tat sie sind nahe, wenn dies die einzige Religion sein wird. Gott wird außerordentliche Segnungen auf diese Religion und diese Bewegung ausschütten. Er wird jeden zerschlagen, der uns zu zerstören sucht. Diese Überlegenheit wird bis zum Tage des Gerichts dauern.«

Er erinnerte sie daran, daß niemand vom Himmel herabkommen würde, denn Jesus ist tot. Wenn die Jahrhunderte vergingen und Jesus nicht wieder erschien, würden die Menschen von dem Glauben, daß er immer noch lebendig sei, ablassen. Dann gäbe es nur noch eine Religion, die in der Welt überlebte, und nur einen Führer.

»Ich bin nur gekommen, die Saat zu säen, die nur von meinen Händen gesät worden ist. Jetzt wird sie sprießen und wachsen und gedeihen, und niemand wird ihr Wachstum aufhalten können«, sagte er.

Kapitel 26

Das Wiederaufleben des Islams

Im Jahre 1901 feierte Ahmad seinen 66. Geburtstag. Körperlich schien er sich kaum verändert zu haben, seit er 50 war. Seine Haut war glatt, ohne eine Falte in seinem Gesicht oder eine Linie auf seiner Stirn. Sein Haar, das kurze Zeit nach seinem 50. Geburtstag silbrig-weiß geworden war, verlieh ihm ein ehrwürdiges Erscheinen, das jedoch durch seine körperliche Beweglichkeit Lügen gestraft wurde. Er ging immer noch jeden Tag mehrere Kilometer spazieren, manchmal sechs oder acht, gelegentlich auch zehn. Und für eine kurze Zeit übte er sich im Keulenschwingen, um seinen Körper fit und beweglich zu erhalten.

Er verringerte seine Arbeitsleistung nicht. Sein Sohn Mahmud, der sein zweiter Nachfolger werden sollte, erinnerte sich, daß er, wenn er an einem Buch arbeitete, manchmal keinen Schlaf bekam. »Viele Male sah ich ihn arbeiten und ich pflegte schlafen zu gehen. Wenn ich aufwachte, sah ich ihn immer noch schreiben, und er fuhr damit oft den ganzen Tag über fort.« »Sehr oft«, sagte Mahmud, »vergaß er zu essen, bis man ihn unterbrach und ihm sagte, daß Essenszeit sei.«

Seine älteste Tochter hatte auch ihre Erinnerungen: »Er hatte absolutes Vertrauen und unerschütterlichen Glauben in sein Schicksal und seine spirituelle Erwählung. Es gab ein absolutes Gefühl von Gewißheit in seinen Zielen und Unternehmungen. Je mehr Glauben in seine Sendung er hatte, desto mehr Verantwortungsbewußtsein und Leidenschaft entwickelte er in seiner Aufgabe.«

Als einer seiner Anhänger erklärte, daß er niemals direkt beansprucht hatte, ein Prophet zu sein, sah sich Ahmad gezwungen, aufzudecken, was Gott ihm gesagt hatte.

»Die Wahrheit ist, daß das Heilige Wort, das auf mich herniederkommt, die Worte ›Botschaft‹, ›Botschaftsträger‹ und ›Prophet‹ enthält«, sagte er.

Er fuhr fort: »Wenn der Heilige Prophet das Siegel der Propheten ist, wie kann dann, so wird argumentiert, ein Prophet nach ihm erscheinen? Die Antwort ist, daß alle Fenster zum Prophetentum versiegelt sind, außer dem Fenster des rechtschaffenen Gehorsams, welches der Geist völliger Versenkung in die Liebe zum Heiligen Propheten ist.«

»Deshalb sind diejenigen, die durch dieses Fenster zu Gott kommen, gleichsam im Widerschein in den Mantel mohammedanischen Prophetentums eingehüllt... Er nimmt nichts von sich selbst, sondern trinkt von der Quelle des Heiligen Propheten. Mein Prophetentum und Botschaftertum gehen zurück auf Mohammad und Ahmad und nicht auf mich selbst. Dieser Name wurde mir wegen meiner Versenkung in den Propheten gewährt.«

Er fügte später hinzu: »Ich schwöre bei Gott, in Dessen Hand mein Leben liegt, daß Er mich gesandt und einen Propheten genannt hat... anfangs glaubte ich, daß ich ein Nichts sei, verglichen mit dem Messias, dem Sohn der Maria, der ein Prophet und einer der Lieblinge Gottes war... später aber, als Gottes Offenbarung wie Regen auf mich herabkam, untergrub sie diesen Glauben und mir wurde offen der Titel Prophet verliehen – in einer Hinsicht ›Prophet‹ und in anderer Hinsicht ›Anhänger‹.«

Die wesentliche Befähigung zum Prophetentum, erklärte er, war eine Fülle göttlicher Offenbarungen und ein großes Wissen über das Unbekannte. Zu seinen Lebzeiten und später haben Ahmadis betont, daß dieser Anspruch auf Prophetentum in keiner Weise die höchste Position Mohammads verringert.

Außerdem, so wurde gefragt, was ist denn Prophetentum? Die Antwort ist, daß es eine hohe spirituelle Position ist, die einen Menschen zu einem Punkt erhebt, in dem ihm im Überfluß göttliche Verbindung und Wissen über zukünftige Ereignisse gewährt sind, und er Gesandter Gottes genannt wird.

Dies schmälert nicht, so wird argumentiert, die Stellung Mohammads. Es ist ein Mißverständnis, fährt die Argumentation fort, der Bedeutung des Wortes ›Prophetentum‹. Ein Prophet braucht nicht ein neues Gesetz zu bringen, noch muß er von all den vorher erschienenen Propheten unabhängig sein.

Das Erscheinen des Verheißenen Messias, so wird weiter argumentiert, gäbe den Muslimen guten Grund zum Entzükken, denn es bewies, daß Mohammad nicht gekommen war, die Segnungen Gottes einzuschränken, sondern vielmehr, die Pforten zu Seiner Gnade weit aufzureißen und zu zeigen, daß für alle Menschen und alle Nationen jegliche Art von Wohltat erreichbar sei.

Ahmads unmißverständlicher Erklärung, daß er ein Prophet Gottes sei, folgte wenig später die Entscheidung, seine Mission »Die Ahmadiyya-Gemeinde im Islam« zu nennen. Bis jetzt hatte es keinen rechtlichen Unterschied zwischen den Anhängern Ahmads und anderen Muslimen gegeben. Im Jahre 1901 jedoch wurde eine landesweite Volkszählung vorbereitet, und es erhob sich die Frage, wie sich die Ahmadis von anderen islamischen Sekten unterscheiden sollen.

Ahmad erklärte, daß es vom Studium des Qur-âns offensichtlich sei, daß Mohammad zwei Arten von Manifestationen gewährt werden würden. Die eine war die der Majestät, welche durch seine Person unter dem Namen Mohammad stattfand. Die zweite Manifestation Mohammads würde eine der Schönheit sein und dies würde durch eine Reflexion seiner selbst unter dem Namen Ahmad stattfinden. Dies war es, was mit Reflex-Prophetentum gemeint war.

Diejenigen, die Ahmad während dieser Zeit seines Lebens

kannten, erinnerten sich seines ›persönlichen Magnetismus‹.
Sie sprachen von seinem moralischen und spirituellen Einfluß und seiner erkennbaren Vortrefflichkeit. Selbst diejenigen, die nur wenige Tage mit ihm verbunden waren, erinnerten sich derer als der schönsten und erhebensten Periode
ihres Lebens. Seine Widersacher stuften diesen persönlichen
Charme als ›magisch‹ ein und warnten Leute davor, ihn in
Qadian zu besuchen, damit sie nicht unter seinen Zauber
gerieten.

Ahmad hatte über Mohammad folgenden Vers geschrieben: »O Wahrheitssuchender, wenn du einen Beweis für die
Wahrhaftigkeit des Propheten Mohammad suchst, dann ver-
liebe dich in ihn. Mohammad ist sein eigner Beweis.«

Dies Argument kann gleich kraftvoll auf Ahmad selbst
übertragen werden. Hunderte, dann Tausende anerkannten
ihn nur vom Sehen, indem sie sagten: »Dies ist nicht das
Gesicht eines Betrügers. Dies ist der Verheißene Messias.«

Ein weiterer wichtiger Grund für die Zunahme der Ahma-
diyya-Gemeinde war der Einfluß der Zeichen, Wunder und
anderer Offenbarungen, von denen Ahmad erklärte, sie von
Gott erhalten zu haben. Die ersten waren Voraussagen über
Individuen – Freunde und Feinde gleichermaßen – und über
Nationen. Diese stärkten den Glauben der Leute.

Prophezeiungen, sagte Ahmad, bestanden aus Zeichen von
Wissen und Macht, den zwei Säulen, auf denen das Reich
Gottes ruht. Sie waren nicht notwendigerweise sofort zu
verstehen. Sie verbreiteten nicht ein helles Licht, das mit der
Mittagsonne verglichen werden könne. Wenn dies der Fall
wäre, sagte Ahmad, wäre Glaube fruchtlos und niemand
würde irgendeine Belohnung für solchen Glauben verdienen.

Stattdessen verglich Ahmad sie mit dem Licht des Mond-
scheins, das in einer wolkigen Nacht zur Verfügung stehe,
womit die Sehenden leicht ihren Weg finden könnten, doch

diejenigen, deren Sehvermögen nur schwach sei, seien mit Raum für Zweifel verblieben.

Viele der neuen Konvertierten berichteten auch von Ahmads Fähigkeit, ihnen in Zeiten von Schwierigkeiten durch direkte Gebete zu Gott zu helfen. Sie schrieben ihm zu Tausenden und er erwähnte sie in seinen Gebeten. Ahmad erklärte, daß Gott ihn zum Verheißenen Messias ernannt hatte mit der besonderen Aufgabe der Reformation der Menschheit, und Gott schenkte deshalb seinen Gebeten besondere Beachtung.

Als die Pest in Indien wütete, hörte jemand ihn beten. »Es war solch ein Schmerz und Kummer darin, daß des Zuhörenden Herz schmelzen mußte«, sagte er später.

Sein Zugang zu Gott bedeute nicht, daß all seine Gebete für die Menschheit unter allen Umständen erhört werden würden, sagte Ahmad, doch meistens wurden sie es.

Noch ein weiterer Grund für Ahmads Erfolg war sein eigener ununterbrochener Erfolg. Die muslimischen Gelehrten predigten gegen ihn. Die Hindus verwarfen ihn. Und so taten es auch die christlichen Missionare. Sie hatten Geld, Stellung und Macht. Doch sie waren niemals in der Lage, ihn zum Schweigen zu bringen.

Er war immer bereit zu diskutieren, seinen Glauben den Menschen zu unterbreiten und sie urteilen zu lassen. Seine Widersacher waren nicht so bereit, und die Christen waren steinhart in ihrer Weigerung, mit ihm zu diskutieren.

Als er gefragt wurde, warum dies so sei, antwortete Ahmad: »Gott beehrt niemals die Gottlosen mit Seiner Hilfe. Er läßt Seine guten Diener niemals fallen.«

Doch ohne Zweifel war der mächtigste und zwingendste Grund für den Erfolg seiner Mission das Bild, das er vom Islam entwarf, der Eindruck seiner Worte und das Beispiel seines Lebens und das seiner Anhänger. Der Qur-ân sei eine unerschöpfliche Quelle heiliger Weisheit, sagte Ahmad. Es sei falsch, zu denken, daß die Kenntnis des Qur-âns jetzt vollständig sei und die Kommentare der Gelehrten vergangener Generationen das letzte Wort darstellten. Ebenso wie die materielle Welt der Erde und der See und der Luft in jedem Zeitalter neue Schätze zutage fördere, so erschloß der Qur-ân spirituelle Reichtümer entsprechend den Bedürfnissen des jeweiligen Zeitalters.

Er fügte hinzu, daß, obwohl das Gesetz perfekt gemacht worden sei, die Entwicklung und das Wachstum qur'anischer Erkenntnis fortdauern würde, bestünde darin eines seiner großen Wunder.

Einer seiner Anhänger schrieb, daß Ahmads Erklärungen »die Schönheit und Perfektion des Heiligen Qur-âns in den vollen Glanz des offenen Tageslichtes rückten«. Sie seien »Perlen reinsten Wassers«, sagte ein anderer Anhänger.

Diejenigen, die der Gemeinde beigetreten waren, mußten sich an den Schwur, den sie geleistet hatten, halten. Wenn sie das nicht taten, betrachtete man sie nicht länger als Mitglieder. Das Ergebnis war, daß es keine gelegentlichen oder interesselosen Ahmadis gab.

Ein Beobachter sagte: »Wenn die Leute sahen, daß eine unreligiöse Person, die vormals die Lehren des Islams ins Lächerliche gezogen hatte, plötzlich fromm und gottesfürchtig und ein glühender Vertreter des Glaubens wurde, dessen Lehren er liebte und im täglichen Leben anwandte und Entzücken am Dienst des Islams fand, fühlten sie im Innersten, daß solch eine Bekehrung nicht das Ergebnis eines Glaubens sein konnte, der sich irrte.«

Diejenigen, die den Treueid in Ahmads Hand gaben, sagten, sie fühlten, dies war der Beginn eines neuen Lebens.

Seine Ergebenheit gegenüber alten Freunden und alten Freunden, die zu Feinden geworden waren, ließ niemals nach. Muhammad Hussain war in seine Gebete eingeschlossen. Er schrieb von seiner Verzweiflung, daß »der Baum gegenseitiger Liebe, der in unserer Kindheit genährt worden war«, entwurzelt worden sei. Er fügte hinzu: »Ich kann niemals den Frühling unserer Freundschaft vergessen, denn das Tal meines Herzens ist keine Wüste noch mit Feldbrokken bestreut.«

Als jedoch sein ergebener Anhänger Abdul Karim starb, und die Leute seinen Verlust beklagten und sagten, sie wüßten nicht, wie irgendjemand ihn ersetzten könne, wies Ahmad sie zurück. »Zu glauben, daß sein Tod ein Vakuum hervorrufe, ist sich einer Art Götzenverehrung hingeben. Wir sollen keinen Menschen vergöttern. Wenn Gott der Allmächtige eine fähige Person von uns nimmt, wird Er uns sicherlich auch mit seinem Nachfolger versehen.«

Kapitel 27

Prophet Gottes

Wann immer er jetzt Qadian verließ, wurde Ahmad nun umdrängt, und spezielle Vorkehrungen mußten getroffen werden, um ihn vor dem Ansturm der ihm wohlgesinnten sowie der ihm übelgesinnten Menschen zu schützen. Wie die Zahl seiner Anhänger zunahm, wuchs auch die Bösartigkeit seiner Verleumder. Und ihre Boshaftigkeit nahm zu. Wenn er getötet würde, wäre das nicht Mord, sondern Gerechtigkeit, sagten die Sprecher des Pöbels.

Eine Frau, die von Ahmads Frau während ihres Aufenthalts in Delhi vorübergehend als Köchin eingestellt worden war, berichtete, ohne zu wissen, mit wem sie sprach: »Ein Mann ist nach Delhi gekommen, der behauptet, der Verheißene Messias zu sein. Unsere Anführer sagen, wir müssen ihn töten. Mein Sohn nahm gestern ein Messer und ging, ihn umzubringen. Er kam aber nicht nah genug, obwohl er mehrere Versuche unternahm. Er kam bis zum Haus, aber alle Türen waren verschlossen.«

Normalerweise jedoch bewachten bewaffnete Polizisten die Straßen um jedes Haus, in dem er sich aufhielt. Seine Gegner mußten sich mit Versammlungen und Demonstrationen in der Nähe des Hauses, soweit die Polizei erlaubte, zufriedengeben.

Im Januar 1903 mußte Ahmad anläßlich eines Rechtsstreites in Jhelum erscheinen, einer Stadt von ca. 20 000 Einwohnern, etwa 240 km von Qadian entfernt. Es war bekannt, daß er kommen würde, und das Resultat war eine Menge von vielen Tausend, versammelt, um ihn auf dem Bahnhof zu empfangen. Viele waren aus den umliegenden Distrikten gekommen, die einen freiwillig, andere von den Muslim-Geistlichen aufgefordert, um gegen Ahmad zu demonstrieren.

Die Gerichtsverhandlung wurde vertagt, aber die Reise war ein Erfolg für Ahmad, denn, so wird berichtet, fast 1000 Leute leisteten den Treueeid. Viele von ihnen waren diejenigen, die herangebracht waren, um gegen ihn zu demonstrieren.

In Lahore passierte fast das gleiche. Seine Gegner riefen zu Protestaktionen auf, wodurch Leute erst darauf aufmerksam wurden, daß er sich in der Nähe aufhielt. Und obwohl viele kamen, um zu schmähen, blieben immer einige zurück, um bekehrt zu werden. Eine öffentliche Versammlung wurde in Lahore arrangiert, zu der 7000 Leute kamen. Der Aufruhr, die Drohungen und Reden, die vorausgingen, waren so groß, daß die Aufsichtsbehörden zusätzliche Polizei anforderten, und während des Treffens patrouillierte die Polizei in den Straßen mit gezogenen Schwertern.

In Sialkot, wo er einst als unbedeutender Sekretär gearbeitet hatte, war der Bahnhof durch Menschenmassen versperrt, und die Polizei hatte Mühe, einen Weg für den Wagen zu bahnen. Dieser sollte ihn zu seinem Aufenthaltsort, einem 1,5 Kilometer entfernten Haus, bringen. Menschenmengen drängten sich entlang der Route, kletterten auf Gebäude, Karren und Bäume, um einen flüchtigen Blick von ihm zu erhaschen.

Und dies fand statt trotz der Verbote der muslimischen Gelehrten, die von ihren Erfahrungen in Jhelum gelernt hatten und die den Leuten gesagt hatten, nicht an ihn heranzugehen. Als er eine öffentliche Versammlung abhielt, stationierten die muslimischen Geistlichen Gruppen von muskulösen Männern an den Eingängen, um die Leute daran zu hindern, hineinzugehen, um ihm zuzuhören.

Natürlich waren nicht alle in dem Menschengemenge wohlgesinnt. Ein Mann namens Mian Hayat erinnerte sich, daß er gerade zu der Zeit in der Schule war. »Unser Lehrer forderte uns auf, Dreck und Kieselsteine zu sammeln, und führte uns auf das Dach eines Hauses, von wo aus wir ihn damit bewerfen konnten. Also taten wir, wie uns befohlen worden war.«

Einmal, während er sich in Lahore aufhielt, kam ein muslimischer Geistlicher vor seinem Haus an und begann, die Leute, die sich dort versammelt hatten, anzureden. Seine Verurteilung von Ahmad als Abtrünnigem war in unflätige Worte gefaßt. Als er von der Polizei aufgefordert wurde wegzugehen, da er die Straße versperrte, überquerte er die Straße und kletterte auf einen Baum, um von dort aus seine Rede fortzuführen.

Einige Ahmadis wollten ihn zum Schweigen bringen, aber Ahmad verbot es ihnen. »Laßt ihn ausreden und geht nicht auf ihn ein.« Die Menge würdigte die Position des islamischen Geistlichen und nannte ihn Maulvi Tahlywala, Baumspitzenprediger.

Das Gerichtsverfahren in Jhelum, das vertagt worden war, war eines von vielen, die Ahmad bedrängten, als seine Gemeinde wuchs. Wenn auch die lebenslange Anfeindung durch Muhammad Hussain nachgelassen hatte, hatten andere seinen Platz eingenommen. Diejenige, die in Jhelum begann, geschah durch einen Mann namens Karam Din, der behauptete, von Ahmad geschmäht worden zu sein.

Obwohl es eine relativ einfache Beleidigungsklage war, zog sich der Fall über zwei Jahre hin, weil Mitglieder der militanten Arya-Samaj Hindu-Sekte den Richter beeinflußt hatten. Er war ein Hindu. In einem privaten Treffen wurde dem Richter gesagt: »Er ist Beute in Ihrer Hand. Sie können ihm den Hals umdrehen wie einem Vogel, wenn sie wollen. Wenn Sie ihn laufen lassen, werden Sie ein Feind Ihres Volkes sein.«

Der Richter hatte keine Bedenken wegen ihrer Bitte. Er hatte schon entschieden, Ahmad das Leben so schwer wie möglich zu machen – und jedem, der Aussagen zu seinen

Gunsten machte. Er erwähnte, daß er die Macht besäße, Leute ohne Möglichkeit zu einer Kautionshinterlegung ins Gefängnis zu bringen.

Glücklicherweise hörte ein Gerichtssekretär des Distriktmagistrats diese Unterhaltung und deckte Ahmads Rechtsanwalt gegenüber die Intrige auf. Der Sekretär war ein Muslim, doch kein Ahmadi, aber er wollte nicht, daß ein Oberhaupt des Punjab durch eine Hindu-Intrige entehrt werden sollte.

Die Unterredung wurde Ahmad unterbreitet, als er krank in einem Zimmer in Gurdaspur lag. Er richtete sich halb auf von dem Charpoy, auf dem er sich befand. »Ich – eine Beute! Ich bin keine Beute, ich bin ein Löwe. Ich bin der Löwe Gottes. Laßt diese Leute ihre Hand an den Löwen Gottes legen und sehen, was dann geschieht.« Sein Gesicht füllt sich mit Blut trotz der Blässe seiner Krankheit, und seine Stimme war so laut, daß Leute außerhalb des Raumes stehen blieben und starrten. Er wiederholte die Phrase »Löwe Gottes« mehrere Male.

Nach einiger Zeit verzog sich die Röte, und er streckte die Hände aus. »Was kann ich tun?« fragte er. »Ich habe Gott viele Male unterbreitet, daß ich bereit bin, mir Stahlfesseln um meine Handgelenke legen zu lassen. Er aber sagte mir jedes Mal: ›Ich werde dies nicht geschehen lassen. Ich stehe Wache über dir und niemand wage es, Hand an dich zu legen.‹«

Plötzlich legte er seinen Kopf zwischen seine Knie und erbrach Blut. Ein britischer Arzt wurde gerufen. Nach eingehender Untersuchung sagte er Ahmads Gefährten, daß Ahmad ruhen müsse, Bluterbrechen im Alter sei gefährlich.

Er stellte ein medizinisches Attest aus, das besagte, Ahmad sei zu krank, um während des nächsten Monats vor Gericht zu erscheinen. Der Richter war wütend, daß Ahmad nicht erschien. Er zitierte den Arzt vor sich, um sich bestätigen zu lassen, daß das medizinische Attest keine Fälschung sei. Dann setzte er eine formale Anklage gegen Ahmad auf.

Und so zog sich der Fall mit Vertagung über Vertagung hin. Dann wurde der Richter degradiert und wegen eines anderen Falles versetzt. Der Fall begann vor einem anderen Richter nochmals. Er war auch ein Hindu. Er verweigerte Ahmad den Gebrauch eines Stuhles, wozu er aufgrund seines Ranges als eines Oberhauptes des Punjab, von seinem Alter ganz abgesehen, berechtigt war, und er verweigert ihm selbst die Erlaubnis, während der Verhandlungen etwas Wasser zu trinken.

Schließlich kündigte er an, daß er die Urteilsverkündung an einem bestimmten Tag vornehmen würde. Dann verlegte er sie auf einen Samstag. Ahmads Anwälte entdeckten, daß es seine Absicht war, eine schwere Geldbuße bekanntzugeben, kurz bevor das Gericht am Samstagnachmittag schloß. Ahmad würde nicht sofort imstande sein zu zahlen und somit den Rest des Wochenendes im Gefängnis verbringen müssen.

Kurz bevor das Gericht schloß, ließ er Ahmad zu sich kommen und gab der Polizei Anweisung, niemandem zu erlauben, den Gerichtsraum zu betreten. Doch Ahmads Anwalt eilte an dem Polizeiwächter vorbei und sagte, es sei unrechtmäßig, zu versuchen, ihn davon abzuhalten, den Raum zu betreten, da er Ahmads Rechtsberater sei. Er trat gerade in dem Augenblick ein, als der Richter die riesige Summe von 500 Rupien verlangte. Darauf vorbereitet, präsentierte der Anwalt sofort das Geld und legte es auf den Tisch des Richters und forderte ihn auf, zu bescheinigen, daß die Strafe bezahlt sei.

Der Richter versuchte zu protestieren, sah dann aber ein, daß er überrumpelt worden war und akzeptierte das Geld.

Ahmad hatte vorher bekanntgegeben, Gott habe ihm gesagt, daß, obwohl er vom Magistrat für schuldig befunden werden würde, ein höheres Gericht das Urteil aufheben werde.

Und so geschah es. Seine Anwälte brachten den Fall vor

das Berufungsgericht, welches die Entscheidung des Magistrats verwarf und das Geld zurückerstattete. Es hatte keine Beleidigung gegeben, sagte der Richter, sondern nur eine nüchterne Feststellung von Tatsachen, die unter den gegebenen Umständen völlig gerechtfertigt gewesen sei. Er fügte hinzu, daß er es höchst merkwürdig fand, daß ein solch unbedeutender Streitfall sich über so viele Jahre mit so vielen Verhören hingezogen hatte.

Im April 1908 war Ahmad 73 Jahre alt. Er aß immer noch nur wenig. Er unternahm immer noch, wenn es ihm möglich war, täglich einen Spaziergang. Er hielt immer noch alle fünf täglichen Gebete ein, unfehlbar um zwei Uhr nachts zum Tahadschud Gebet aufstehend. Er studierte immer noch unablässig stundenlang den Qur-ân und war in ununterbrochenem Kontakt mit Sekretären verschiedenster Art, die mit den Angelegenheiten der Gemeinde in verschiedenen Teilen der Welt zu tun hatten. Doch er wußte, daß er alt wurde.

Seine Frau, die sich seit längerer Zeit nicht wohl fühlte, bat ihn, sie nach Lahore zu begleiten, um einen Arzt aufzusuchen. Er war einverstanden, doch in der Nacht vor ihrer Abreise erhielt er eine Offenbarung, die er mehreren Leuten mitteilte. Sie lautete! »Fühle dich nicht sicher zu dieser Zeit!« Ahmad verschob deshalb seine Abreise, weil sein jüngster Sohn auch gerade krank zu Bett lag, und er sich über die Bedeutung der Offenbarung nicht sicher war. Am nächsten Tag ging es seinem Sohn viel besser und Ahmad brach nach Lahore auf.

Dort erhielt er Mitte Mai eine weitere Offenbarung: »Abreise, noch einmal Abreise. Gott wird all deine Bürden auf Sich nehmen.«

Während seine Frau sich medizinischer Behandlung unterzog, richtete er es in Lahore so ein, daß er während eines privaten Essens einen Vortrag vor angesehenen Persönlichkeiten der Stadt hielt. Nur wenige, stellte er fest, hätten ihn jemals sprechen hören, da es unwahrscheinlich war, daß sie an öffentlichen Versammlungen teilnahmen. In der Nacht, bevor er sprechen sollte, erhielt er eine weitere Offenbarung: »Verlaß dich nicht auf dieses unbeständige Leben«, wurde ihm gesagt.

Diese Offenbarung, so wurde ihm klar, wies auf seinen nahe bevorstehenden Tod hin, doch er fuhr fort, in seinem gewohnten Tempo zu arbeiten, und auf dem Treffen mit den angesehenen Persönlichkeiten sprach er zwei Stunden lang.

Er sagte ihnen: »Ich behaupte, daß Gott mich gesandt hat, die allgemeine weitverbreitete Verderbtheit zu ändern. Ich kann die Tatsache nicht verhehlen, daß Gott zu mir spricht und mich häufig mit Seinem Wort beehrt. Dies läuft auf Prophetentum hinaus, doch ich genieße diese Ehre nicht aufgrund meiner selbst. Dies ist gewissermaßen ein mündlicher Wettstreit. Ununterbrochenes und häufiges Empfangen von Offenbarungen ist Prophetentum.«

Er rief die Worte Aishas, der Frau Mohammads, in Erinnerung, die sagte: »Sagt: ›Er ist das Siegel der Propheten‹, doch sagt nicht, ›Es wird nach ihm keinen Propheten mehr geben.‹«

Er fuhr fort: »Wenn es im Islam kein Prophetentum mehr gibt, dann seien Sie gewiß, daß der Islam gestorben ist wie andere Religionen auch und keine besonderen Zeichen mehr besitzt.«

Obwohl viele seiner Zuhörer seine Gegner waren, nötigten die Tiefe seines islamischen Wissens und seine offenbar tiefe Aufrichtigkeit ihnen merklichen Respekt ab.

Trotz dieser offenbar eindeutigen Erklärung berichtete eine Zeitung, daß er seinen Anspruch auf das Prophetentum verworfen habe. Daraufhin gab er eine ausführliche Erklärung ab. Er sei nicht ein Prophet, der ein neues Gesetz brachte oder in irgendeiner Weise das Gesetz des Islams aufhebe, erklärte er. »Ich bin nicht ein Prophet in dem Sinne, daß ich mich vom Islam trenne oder irgendein Gebot aufhebe. Ich trage das

Joch des Heiligen Qur-âns und niemand kann es wagen, auch nur ein einziges Wort oder einen Vokalpunkt des Heiligen Qur-âns aufzuheben.«

Und noch einmal versicherte er, daß Gott häufig zu ihm sprach, ihm verborgene Dinge aufdeckte, ihn über zukünftige Ereignisse informierte und daß ihm eine besondere Nähe zu Gott gewährt sei. »Deshalb bin ich ein Prophet durch göttlichen Beschluß, und es wäre eine Sünde meinerseits, dies zu leugnen, und ich werde auch weiterhin als Prophet fest eingesetzt sein, bis ich aus dieser Welt scheide.«

Bevor er diese Erklärung abgab, hatte er seinen engsten Anhängern und seiner Familie gesagt, daß sein Tod nahe sei, denn er hatte noch eine weitere Offenbarung erhalten.

»Abreise, Abreise. Tod ist nahe«, wurde ihm gesagt.

Diese Offenbarung ließ keine Mißverständnisse mehr zu und seine Frau schlug sofort vor, daß sie nach Qadian zurückkehren sollten. Er antwortete, daß sie jetzt nur zurückkehren würden, wenn Gott sie zurückführe.

Er fuhr fort, an seinem neuen Buch mit dem Titel ›Eine Botschaft des Friedens‹ zu arbeiten, das einen Plan vorschlug, nach dem Hindus und Muslime gegenseitig Respekt für die Heiligen Männer ihrer Religionen zeigen und berücksichtigen sollten, daß sie alle Kinder eines Gottes und eines Landes seien; so sollten sie in der Lage sein, in Frieden miteinander zu leben. Er beendete das Manuskript am 25. Mai, übergab es einem Sekretär, und nach dem Spätnachmittagsgebet begann er seinen täglichen Spaziergang. Ein Pferdetaxi fuhr ihn aus der Stadt hinaus, so daß er sich ungestört in der Landschaft bewegen konnte. Er kehrte innerhalb einer Stunde zurück und ging zur gewohnten Zeit zu Bett.

In der Nacht fühlte er sich nicht wohl, und Ärzte wurden gerufen. Sie erkannten, daß er ernsthaft erkrankt war. Er fiel von einer Bewußtlosigkeit in die andere. Früh am Morgen fragte er: »Ist es Zeit zum Gebet?« und einer seiner

Anhänger, der neben seinem Bett stand, antwortete! »Ja, Sir.«

Er machte dann die Zeichen symbolischer Waschungen und begann zu beten. Er verlor sein Bewußtsein mitten im Gebet, doch erholte er sich und begann wieder von vorn, es langsam zu Ende führend. Er war dann halbwach, doch immer, wenn er das Bewußtsein wieder erlangte, hörte man ihn wiederholen: »O Gott, mein geliebter Gott.«

Gegen 10.³⁰ Uhr am Morgen schien es denen um ihn herum, daß sie ihn noch zweimal tief atmen hörten. Dann starb er.

Die Gedankenlosen unter denjenigen, die ihn zu Lebzeiten bekämpft hatten, freuten sich über seinen Tod, und innerhalb einer halben Stunde war die Straße vor seinem Haus mit dem Gesindel von Lahore gefüllt. Sie sangen und schrieen, machten Luftsprünge und tanzten und hielten falsche Beerdigungszeremonien ab. Innerhalb des Hauses wurde Ahmads Körper gewaschen und in Leichentücher gewickelt und um drei Uhr am Nachmittag wurden im Garten des Hauses die Totengebete abgehalten.

Als einige Frauen des Haushalts anfingen, ihren Verlust laut zu beklagen, riet seine Witwe ihnen, ihren Schmerz unter Kontrolle zu halten. Ihren Kindern sagte sie: »Denkt nicht, daß euer Vater euch nur ein leeres Haus hinterlassen hat. Er hat euch im Himmel einen großen Schatz von Gebeten hinterlegt, die fortfahren werden, euch für alle Zukunft Wohltätigkeiten zu gewähren.«

In der Nacht wurde sein Sarg auf den Schultern seiner Anhänger zum Bahnhof getragen, um den Nachtzug nach Batala zu erreichen. Sie wurden mit Steinen beworfen, als sie durch die Straßen gingen. Von Batala aus trugen seine Anhänger seinen Sarg die ganze Nacht hindurch mehr als 17 km weit, bis sie am folgenden Morgen um 9 Uhr Qadian erreichten. Zwölfhundert Ahmadis, per Telegramm informiert, erreichten Qadian gegen Mittag. Viele von ihnen hatten gedacht, das Telegramm sei ein grausamer Scherz ihrer Gegner gewesen, waren aber nach Qadian gekommen, um sicher zu sein. Als sie sich im Rosengarten, der den kleinen Friedhof der Moschee begrenzt, in Reihen einordneten und sie den in Leichentücher gehüllten Körper ihres Führers sahen, kannte ihr Schmerz keine Grenzen.

Am Nachmittag war eine Versammlung aller in Qadian anwesenden Mitglieder der Ahmadiyya-Gemeinde und Nur-ud-Din, der 19 Jahre zuvor in Ludhiana den ersten Treueeid geleistet hatte, wurde einstimmig zu seinem ersten Nachfolger gewählt. Nur-ud-Din saß auf einem Stück Teppich unter einem Mangobaum im Rosengarten und einer nach dem anderen, in genau der gleichen Weise wie bei Ahmad, trat vor, und er nahm ihre rechte Hand an und ihren Eid der Treue, ihm in allen göttlichen Dingen zu gehorchen und ihr Leben makellos zu führen.

Als der letzte Treueid geleistet und angenommen worden war, leitete der Erste Nachfolger das Totengebet und um 6 Uhr wurde Ahmads Körper auf dem kleinen Friedhof beigesetzt. Einige derjenigen, die zu den ersten 313 Anhängern gehört hatten, waren bereits dort begraben. In den folgenden Jahren wurden auch andere Anhänger dort zur Ruhe gebettet.

Im Gegensatz zu dem pöbelhaften Entzücken der Menge, die bei der Nachricht seines Todes außerhalb seines Hauses getanzt hatte, zeichneten die weltweiten Nachrufe ein anderes Bild. Eine Tageszeitung in Delhi kommentierte: »Er veränderte die Polemikstruktur vollkommen und legte den Grundstein zu einer neuen Literatur in Indien... Seine kraftvollen Werke sind von neuartiger Größe... und ein Studium einiger seiner Schriften reißt den Leser in den Zustand wahrer Ekstase.«

Eine Zeitung in Lahore schrieb, daß, obwohl der Autor nicht glaube, Ahmad sei der Verheißene Messias, kein Zweifel darüber bestehe, daß er ein »außergewöhnlich heiliger, erhabener Führer gewesen ist, der eine Macht der Frömmigkeit besaß, die selbst die versteinerten Herzen eroberte. Er war ein gutinformter Gelehrter, ein Reformer von großer Entschlußkraft, der ein Beispiel an demütigem Leben gab... seine Leitung und Führerschaft hatte wahre messianische Qualität selbst für spirituell Tote.«

Seine ständigen Widersacher, die Zeitungen der Arya-Samaj-Hindu-Sekte, kommentierten, es sei eine Tatsache, daß während sein Name Erinnerungen an erbitterte Dispute wachriefe, seine Ideen über Islam weitaus liberaler waren, als die der meisten Muslime, und daß er Mohammad in der Qualität seiner Beharrlichkeit gliche. »Er hielt bis zum letzten Atemzug aus und wankte nie auch nur im geringsten.«

Die *Times* von London, die in einem langen Nachruf seine ganzen Lehren brachte, sagte, daß viele Menschen von hohem Rang und hoher Bildung unter seinen Anhängern zu finden seien. Der Autor zitierte die Worte eines seiner christlichen Gegner. Er war, sagte der, »ehrwürdig in seiner Erscheinung, magnetisch in seiner Persönlichkeit und von lebhaftem Intellekt«.

1989, einhundert Jahre, nachdem Ahmad das erste Treuegelübde entgegen genommen hat, erkennen ihn Millionen von Menschen in aller Welt als den Gesandten Gottes an, der durch alle Zeiten hindurch in allen großen Religionen der Welt prophezeit worden war – als den Verheißenen Messias.